15. August 1974

Damit Du weißt, wie
sichein Ehemann
nicht benimmt!

Zum Geburtstag alles Gute

Ralf

Zu diesem Buch

«Mit der Silvesternacht» – so meinte kürzlich «Der Spiegel» in einer Titelgeschichte über Wolfgang Menges Familienserie «Ein Herz und eine Seele» – «hat das Deutsche Fernsehen ein politisches Problem in die Welt gesetzt. Das Problem trägt den Namen Alfred Tetzlaff und ist weder einem Polit-Magazin noch einer Parteiendiskussionsrunde entsprungen, sondern einer Familienserie, reiner Fiktion also.» Wohl keine Fernsehserie der Nachkriegszeit war ein vergleichbar spektakulärer Erfolg beschieden, aber auch kaum eine Fernsehserie geriet so sehr in den Brennpunkt der Diskussion bei Presse und Publikum. Begeisternde Zustimmung und zornige Kritik, Beifall und Protest ziehen sich quer durch die politischen Lager und «alle machen sich über Alfred Gedanken» («Der Spiegel»). Ob man die Besorgnisse der einen («Man weiß nicht so recht, ob man nicht mit den falschen Leuten über die falschen Leute lacht»: «Berliner Extra-Dienst») oder die Begeisterung der anderen teilt («Mit seiner Freimütigkeit, muffelig und mies zu sein und unserem inneren Schweinehund Luft zu machen, liefert uns Alfred ein hochwillkommenes Stündchen Erholung von Konsum- und Leistungsgesetzen ... Lang lebe Alfred mit Familie!»: «Süddeutsche Zeitung»): diese Originaltexte («Silvesterpunsch» und «Der Ofen ist aus», rororo Nr. 1774; «Rosenmontagszug» und «Besuch aus der Ostzone», rororo Nr. 1775) bieten Gelegenheit, den Autor beim Wort zu nehmen und das eigene Urteil zu überprüfen oder, wenn nötig, überhaupt erst zu bilden. Gelesen (oder gar mit verteilten Rollen rezitiert) verlieren Alfreds Ausbrüche nichts von ihrer funkelnden Boshaftigkeit und egozentrischen Intoleranz und gewinnen sie – gegenüber ihrer Präsentation im Fernsehen – vielleicht noch hinzu an sprachlicher Delikatesse.

Wolfgang Menge, geboren 1924, arbeitete jahrelang als Zeitungskorrespondent, zuerst in England, dann in Hongkong und der Volksrepublik China. Dort lernte der Hobbykoch auch die originale chinesische Küche kennen und schrieb das praktische Kochbuch «Ganz einfach – chinesisch» (rororo Nr. 6411). Für den Hörfunk erfand der vielseitig-erfolgreiche Autor die berühmt gewordene satirische Sendereihe «Adrian und Alexander» und verfaßte in den ersten Jahren die Texte. Später lief die Serie unter dem Titel «Hallo Nachbar» weiter und wurde vorübergehend auch vom Fernsehen übernommen. Vor allem aber schrieb Menge bisher annähernd fünfzig Drehbücher für Kinofilme (wie «Polizeirevier Davidswache»), Fernseh-Kriminalserien («Stahlnetz», «Tatort») und Fernsehspiele, von denen mehrere mit Preisen ausgezeichnet wurden und Aufsehen erregten, so «Millionenspiel» und «Smog». Er ist überdies Autor des Sachbuches «Der verkaufte Käufer». Wolfgang Menge ist mit einer Journalistin verheiratet, hat drei Kinder und lebt abwechselnd in Berlin und auf Sylt.

Wolfgang Menge

Ein Herz und eine Seele

Frühjahrsputz

*

Selbstbedienung

rororo

Rowohlt

Die Idee zu dieser Fernsehserie basiert auf «Till death us do part»
von Johnny Speight
Umschlagentwurf Werner Rebhuhn (Foto: Axel Strencioch)
Fotos: Erste Tafelabbildung Axel Strencioch,
folgende Tafelabbildungen Alexander von Mokos

Veröffentlicht im Rowohlt Taschenbuch Verlag GmbH,
Reinbek bei Hamburg, Juli 1974

Satz Garamond (Linotron 505 C)
Gesamtherstellung Clausen & Bosse, Leck/Schleswig
Printed in Germany
ISBN 3 499 11808 4

Alfred

«Über Alfred waren wir uns bereits vor seiner Geburt einig, über seine Wirkung haben wir erst im Laufe der Zeit etwas mehr erfahren und können sie heute vermutlich präziser einschätzen als am Anfang. (Wir, weil der beim WDR zuständige Redakteur Peter Märthesheimer an den Vorarbeiten und am Buch wirksam beteiligt ist.)

Alfred ist eine Kunstfigur. Wer nicht lange über ihn nachdenkt – und das wird von niemandem gefordert –, dürfte ihn für unglaublich simpel halten, fast für primitiv, sicher für einfältig und grob. Vor allem sozial scheint er schnell einzuordnen zu sein. Das ist alles falsch. Er gehört keiner Klasse an, und er ist kompliziert. Alfred ist schon deshalb kompliziert, weil ein fast vollständiges Spektrum menschlicher Eigenschaften, vor allem unangenehme, in ihn eingearbeitet worden sind. Das hat einen Vorteil, der sich zugleich als Nachteil erwiesen hat: Fast jeder Zuschauer entdeckt an Alfred irgend etwas, mit dem er sich identifizieren kann, oder doch entdeckt zumindest die zuschauende Ehefrau vieles an Alfred, das sie von ihrem Mann kennt. Das funktioniert übrigens auch umgekehrt: Auch viele Alfreds glauben an dem, was Else sagt und tut, ihre geliebte Ehefrau wieder zu erkennen. Dabei ist Else nicht annähernd so problematisch.

Überraschend war, wie bereits angedeutet, nur die Wirkung Alfreds. Vor der Sendung erschien es uns undenkbar, daß eine solche Figur etwas anderes auslösen könnte als Entsetzen oder Ekel. Da haben wir uns geirrt. Offenbar wird von vielen Betrachtern mehr verdrängt, als wir für möglich gehalten hatten. Das ist besonders auffällig bei Alfreds Äußerungen, die zum Sexual- und Analbereich gehören.

Wir haben im Laufe der Zeit unsere Bücher, soweit es möglich ist, dieser Erkenntnis angepaßt. Doch dieser häßliche Spießbürger erzeugte weiter emphatische Sympathien. Immer wieder mußten wir erkennen, daß Überzeichnungen und Übertreibungen von abstrusen Dimensionen doch wieder auf reale Konturen trafen. Wo wir vermuteten, daß Hypertrophie diagnostiziert wird, erkannten Zuschauer lediglich eigene Wirklichkeit. Wahrscheinlich läßt sich das vorerst nicht ändern, es sei denn, die Zuschauer würden sich ändern.

Aber wie sollen sie sich ändern, wenn nicht Alfred und seine Familie ein bißchen nachhelfen. Daß über ihn gelacht wird, sollte diese Chance nicht ausschließen.»

Wolfgang Menge

Frühjahrsputz

Wohnzimmer

Bis auf Tisch mit Fernseher und Schrank sind alle Möbel einschließlich Teppich nicht im Zimmer. Else versucht, Antenne und Stecker vom Fernseher rauszuziehen. Sie macht das natürlich so, daß die Schnur aus dem Stecker rausgehen kann. Sie zieht an der Strippe. Michael und Rita wuchten gerade das Sofa aus der Tür. Else gibt, während sie selbst tätig ist, gute Ratschläge.

ELSE: Du mußt das hinten schräg hochkanten.
RITA: Wieso muß das überhaupt raus?
ELSE: Und drehen. Daß die Lehne nach unten kommt. Oder nach oben. Und dann erst links und dann rechts rum.

Rita und Michael kümmern sich natürlich nicht um die unverständlichen Hinweise. Sie kriegen das Sofa auch so durch die Tür.

Siehst du. Jetzt geht's.

Else versucht, den Tisch mit Fernseher anzuheben, aber sie schafft es kaum. Rita und Michael kommen zurück. Sie haben das Sofa auf den Flur abgesellt.

Jetzt noch den Fernseher.
MICHAEL: Laß den doch wenigstens drin.
ELSE: Der muß raus.
RITA: Und wohin?
ELSE: In die Küche natürlich.
RITA: Die ist voll.

ELSE: Dann auf'n Flur.

RITA: Da steht das Sofa.

ELSE: Dann stell doch das Sofa in die Küche.

MICHAEL: Dann müssen wir den Herd in den Garten stellen und den Küchenschrank in den Keller.

ELSE: Ist das nicht zu umständlich?

MICHAEL: Eben.

ELSE: Na ja. Wenn's nicht anders geht, dann müssen wir das eben immer verschieben. *Sie geht an den Schrank, will ihn anheben. Sie schafft es nicht. Sagt zu Michael:* Faß doch mal mit an.

MICHAEL: Und was willst du damit?

ELSE: Nur von der Wand wegschieben.

RITA: Muß das ausgerechnet an einem Tag sein, wo Papa nicht zu Hause ist?

ELSE: Das muß gerade ausgerechnet an so einem Tag sein. Weil er nicht zu Hause ist. Ich hab einmal Frühjahrsputz gemacht, als er zu Hause war. Da leg ich hier lieber Feuer, als so was noch mal.

MICHAEL: Aber muß man denn auch hinter dem Schrank saubermachen. Wozu denn?

ELSE: Einmal im Jahr.

MICHAEL: Warum überhaupt? Das sieht man doch gar nicht.

ELSE: Du wäschst dich ja wohl auch an Stellen, die man nicht sieht. Unterm Arm. Sogar den Popo. Und den sieht man nie.

RITA: Ich schon. Seinen jedenfalls.

ELSE: Also meinen Popo sieht keiner. Ich selbst hab sogar meinen Popo noch nie im Leben gesehen. Und ich wasch ihn mir trotzdem.

MICHAEL: Einmal im Jahr?

ELSE: Einmal die Woche. Jeden Samstag wasch ich den. An Leuten, die sich nicht am ganzen Körper waschen, wachsen nämlich Bazillen.

MICHAEL: Aber der Schrank wird doch keine Bazillen bekommen.

ELSE: Das kommt darauf an. Manchmal fällt eben irgendwas dahinter, und das wird dann zu Bazillen. Außerdem macht das jede Hausfrau. Ich kenne jedenfalls keine, die nicht einmal im Jahr auch hinterm Schrank saubermacht. Das ist auf der ganzen Welt so.

RITA: Auf der ganzen Welt glaub ich ja nun nicht.

ELSE: Vielleicht nicht in Afrika, weil die keine richtigen Schränke in die Hütten reinkriegen. Aber sonst schon.

Michael will jetzt endlich den Schrank abrücken.

MICHAEL: Nun faß schon an.

Else bückt sich. Die beiden rücken den Schrank von der Wand ab.

RITA: Aber so was sollte wirklich Papi machen.

ELSE: Wir können froh sein, daß er mal ein paar Stunden weg ist.

RITA: Von mir aus könnte er ein paar Wochen weg bleiben.

MICHAEL: Meinetwegen brauchte er überhaupt nicht wiederzukommen.

RITA: Dir würde er doch fehlen. Mit wem willst du dich denn anlegen, wenn er nicht da ist?

MICHAEL: So was wie den find ich überall.

ELSE: Wie lange wird dies Fußballspiel eigentlich dauern, was meinst du, so ungefähr jedenfalls?

MICHAEL: Gar nicht ungefähr. Genau 90 Minuten. Plus minus eine Minute, höchstens zwei. Also längstens 92 Minuten.

ELSE: So genau kann man das vorher schätzen? Sind dann die Bälle alle?

RITA: Mal sind die Bälle alle, mal haben die Schiedsrichter keine Lust mehr.

MICHAEL: Oder sie sind echt müde. Nein, das ist natürlich Quatsch. Du verstehst nicht viel von Fußball, was?

ELSE: So direkt nicht. Aber ich finde es herrlich, wenn die Männer miteinander spielen, wo die doch sonst so viele Sorgen haben.

MICHAEL: Für die Fußballer ist das aber eben kein Spiel, sondern Arbeit. Das ist ein Beruf wie jeder andere.

ELSE: Und dann haben die nach 90 Minuten schon Feierabend, oder wie?

MICHAEL: So etwa, ja.

ELSE: Und wie oft spielen die am Tag?

MICHAEL: Am Tag? Einmal in der Woche.

ELSE: Und immer nur eineinhalb Stunden? Und das soll ein Beruf sein? Kann man davon denn leben?

RITA: Und wie!

ELSE: Oder haben die gerade Kurzarbeit?

MICHAEL: Im Gegenteil. Die haben Saison.

ELSE: Dann versteh ich Alfred nicht. Dann wäre ich an seiner Stelle doch Fußballer geworden. Wenn man mit so wenig Arbeit sein Geld verdienen kann.

MICHAEL: Schlag ihm das doch mal vor, wenn er nach Hause kommt.

ELSE: Vielleicht wirklich. Aber er wird wohl jetzt auch zu alt sein, um umgeschult zu werden. Außerdem, jetzt kommt er ja noch nicht. Vor zwanzig Minuten ist er gegangen ... der Weg ... na, in zwei Stunden ist er wieder da. Aber dann müssen wir hier auch fertig sein.

Else blickt hinter den Schrank. Gleichzeitig von draußen ein Trompetenstoß.

Zu sehen ist jedenfalls nichts.

Noch mal ertönt ein Trompetenstoß.

Das ist doch bei uns vor der Tür. *Sie geht nach draußen.*

Flur

Else öffnet die Haustür. Alfred steht da. Trompetet gerade. Diesmal genau in Elses Gesicht, die entsprechend zurückschreckt. Alfred hat ein Hemd von Hertha BSC übergezogen, ebenfalls Mütze und Fahne.

ALFRED: Seid ihr taub da drinnen?
ELSE: Du mit deiner Posaune. Das kann man ja nicht überhören.

Alfred stellt die Trompete an die Garderobe. Er geht in Richtung Küche, er sieht die Möbel auf dem Flur, steigt darüber weg. Dann entdeckt er, daß die Küche voll ist.

ALFRED: Was ist denn hier los?
ELSE: Wieso kannst du nicht klingeln wie jeder andere normale Mensch?
ALFRED: Weil die Klingel kaputt ist.

Alfred will ins Wohnzimmer. Er klettert über die Möbel. Else öffnet gleichzeitig die Haustür, um die Klingel zu prüfen.

ELSE: Die soll kaputt sein? *Sie drückt auf den Klingelknopf. Nichts zu hören. Zu Alfred:* Hat es geklingelt?

ALFRED: Ich hab dich was gefragt.
ELSE: Nein. Ich hab dich was gefragt.
ALFRED: Was ist hier los? Revolution?
ELSE: Wieso?

Alfred will ins Wohnzimmer. Er muß übers Sofa klettern.

Michael hat gesagt, das Spiel ist erst in zwei Stunden zu Ende.
ALFRED: Möglich.
ELSE: Da kannst du nicht rein!

Alfred geht ins Wohnzimmer. Else hinterher.

Wohnzimmer

Alfred blickt sich irritiert um.

MICHAEL: Hallo, Sportsfreund.
RITA: Ist das Spiel schon zu Ende?
ALFRED: Nein, es fängt gleich an.
MICHAEL: Ohne dich?
ALFRED: Halt die Schnauze. *Er sucht einen Platz, auf dem er sich niederlassen kann.*
ELSE: Hier störst du.
ALFRED: Ich? In meinem eigenen Haus? Wo ist mein Sessel?
ELSE: Draußen.
ALFRED: Hol ihn rein.
ELSE: Erst wird hier saubergemacht.
RITA: Wieso soll denn Mutti den schweren Sessel reinschleppen? Bist du gelähmt?

Else geht in den Flur und kommt gleich darauf mit Wassereimer, Feudel und Schrubber zurück.

ALFRED: Hab ich ihn entführt?

Else gießt einen Schuß Wasser auf den Fußboden.

ELSE: Hier wird kein Sessel rausgetragen und keiner reingetragen. Jetzt wird Frühjahrsputz gemacht. Das ist nun mal so üblich. Nicht nur bei uns.

MICHAEL: Mit Ausnahme von Afrika ist das in der ganzen Welt so.

ALFRED: Und was ist mit Afrika?

MICHAEL: Da haben sie keine Schränke.

Alfred blickt sich suchend um, ob er nicht doch noch ein Sitzplätzchen irgendwo entdeckt. Außerdem muß er aufpassen, daß seine Füße nicht naß werden.
Else hockt sich auf die Erde und beginnt mit dem Feudel zu arbeiten.
Rita schrubbt.

ALFRED: Ausgerechnet am Samstag muß das sein. Wenn man mal seine Ruhe haben will.

ELSE *richtet sich mal vorübergehend auf*: Weil ich die schweren Möbel nicht allein tragen kann. Heute können mir die Kinder helfen.

ALFRED: Soll ich vielleicht deshalb die Sportschau verpassen?

ELSE: Der Fernseher ist doch da.

ALFRED: Und der Sessel? Soll ich mich davor hinstellen oder was?

MICHAEL: Aber das hat doch noch Zeit. Die ist doch erst um

Viertel vor sechs.

ALFRED: Ich sag nur rechtzeitig Bescheid.

ELSE: Außerdem haben wir ja nicht gewußt, daß du ausgerechnet heute die Sportschau sehen wolltest.

ALFRED: Ausgerechnet heute? Die sehe ich jede Woche.

ELSE: Aber wo du doch heute zum Fußball gegangen bist. Gehen wolltest jedenfalls.

MICHAEL: Warum bist du eigentlich wirklich nicht hingegangen?

ALFRED: Gegangen? Zu Fuß bis nach Gelsenkirchen?

ELSE: Gelsenkirchen? Wer zwingt dich denn nach Gelsenkirchen zu gehen, nur wenn du mal zum Fußball willst? Hier wird doch sicher auch Fußball gespielt.

ALFRED: Du bist doch eine dusselige Kuh. Ich wollte nicht das Spiel sehen, was hier gespielt wird, sondern das, was in Gelsenkirchen gespielt wird.

ELSE: Ist das denn von Stadt zu Stadt verschieden? Ich hab ja früher nur Völkerball gespielt. Aber ob man das nun in Gelsenkirchen spielt oder in Bochum . . .

ALFRED: Nun hör endlich auf; ich weiß nicht, wovon du was verstehst, aber von Fußball nun überhaupt nichts.

ELSE: Ein bißchen doch. Nicht so viel wie du, vielleicht. Aber mir reicht es. Das ist so wie Völkerball, nur eben mit den Füßen.

Alfred schaut Rita einen Moment an, dann stellt er die Fahne an die Wand, geht vor die Tür, läßt offen, und kommt gleich darauf mit einem Stuhl zurück. Er stellt den Stuhl hin, verrückt ihn zwei-, dreimal, dann setzt er sich, so daß er aus dem Fenster gucken kann.

MICHAEL: Nun sag doch mal. Ich denke, dein Freund Koslowski wollte dich im Auto mitnehmen?

ALFRED *unvermittelt laut*: Das ist nicht mein Freund. Das ist eine feige Sau.

ELSE: Hast du dich mit ihm gestritten?

ALFRED, *es bricht jetzt aus ihm heraus, am liebsten würde er weinen*: Dieser Mistbock, dieser Sauhund, dieser feige Schlappschwanz hat sich geweigert, mich mitzunehmen. Er fährt ohne mich. Hat sich nicht getraut, mich mitzunehmen.

RITA: Nicht getraut? Wieso denn?

ALFRED: Wegen der Fahne.

ELSE *deutet auf die Fahne*: Wegen der?

ALFRED: Natürlich wegen der. Dachtest du, ich lauf mit 'ner roten Fahne durch die Gegend. Vielleicht noch mit'm Werkzeug drauf?

MICHAEL: Du mit Hammer und Sichel. Das würde doch unheimlich gut zu dir passen.

RITA: Wie 'n Smoking zum Neandertaler.

ELSE: Also was Koslowski gegen die Fahne hat, weiß ich auch nicht. Die sieht doch sehr hübsch aus.

ALFRED: Weil das die Fahne von Hertha ist.

ELSE: Herta Suhrbier? Die hat 'ne Fahne?

ALFRED: Ich rede nicht von ...

ELSE: Und wenn schon. Was geht das denn den Koslowski an, wenn du die Fahne von Frau Suhrbier trägst. Obwohl ich das nicht verstehe. Du bist doch sonst nicht gerade gut auf Frau Suhrbier zu sprechen.

ALFRED: Es ist nicht die Fahne von Frau Suhrbier. Es ist die Fahne von Hertha.

ELSE: Sag ich doch. Herta Suhrbier.

ALFRED: Hertha BSC.

ELSE: BSC. Das ist aber ein komischer Name. Kenn ich gar nicht die Leute. Wohnen die hier bei uns irgendwo?

MICHAEL: Er meint Hertha BSC und ...

ELSE: Das weiß ich ja mittlerweile.

MICHAEL: Das ist eine Fußballmannschaft.

ELSE: Herta?

ALFRED: Allerdings.

ELSE: Ist das eine Damenmannschaft? Deshalb wolltest du also unbedingt da hin.

ALFRED: Nein. Nur Männer.

ELSE: Und die sind alle in dieses eine Mädchen verliebt. Das muß ja ein schönes Flittchen sein, diese Herta. Vielleicht ist es sogar ganz gut, daß Koslowski dich da nicht mitgenommen hat.

ALFRED: Er hat mich nicht mitgenommen, weil Hertha eine Berliner Fußballmannschaft ist.

MICHAEL: Hertha Berlin spielt heute gegen Schalke 04.

ALFRED: Schalke ist auch der Name von einer Fußballmannschaft.

ELSE: Das weiß ich selbst. Ich weiß sogar, wie der Torwart heißt: Schockemöhle.

ALFRED: Und der Rechtsaußen Herbert Wehner. Mensch, halt bloß die Klappe und scheuer weiter.

ELSE: Was ist denn nun schon wieder los?

RITA: Wahrscheinlich ist Schockemöhle ein Boxer und kein Torwart.

ALFRED: Fang du nicht auch noch an.

RITA: Wenn du hier solche Märchen erzählst: Koslowski hat dich nicht mitgenommen, weil du für die Berliner bist.

ALFRED *wütend*: Märchen?

RITA: Der fährt doch selbst alle Naslang nach Berlin und haut da auf die Pauke.

ALFRED: Und?

RITA: Was und?

ALFRED: Was beweist das? Macht er das etwa vor allen Leuten? Nee. Das macht er nämlich geheim. Im Büro sagt er, er fährt nach Wuppertal. Aber in Wirklichkeit fährt er nach Berlin.

RITA: Und warum?

ALFRED: Warum was? Warum er nicht ...?

RITA: Warum er im Büro nicht sagt, daß er nach Berlin fährt.

ALFRED: Weil das zu riskant ist. Wer traut sich denn heute noch offen und ehrlich für Berlin einzustehen? Wer darf sich denn noch zu Berlin bekennen? Da wird man doch sofort denunziert.

MICHAEL: Wo denn?

ALFRED: Das weißt du doch genausogut wie ich. Bei der politischen Polizei natürlich. Diese Ganoven in Bonn haben doch gleich nach der Machtübernahme die Parole ausgegeben: Jetzt wird Berlin an die Mongolen verkauft.

MICHAEL: Wenn die gut zahlen.

ALFRED: Reiß dich zusammen.

MICHAEL: Kannst du dir gar nicht vorstellen, daß es Leute gibt, die einfach nichts mehr von diesem Scheiß-Berlin wissen wollen?

ALFRED: So einen mußt du mir erst mal zeigen. Berlin, das ist die beliebteste Stadt von Deutschland, von der ganzen Welt.

MICHAEL: Und die Berliner.

ALFRED: Und die Berliner, allerdings. Die sind noch beliebter. Was meinst du, wenn so ein Berliner mal nach München oder nach Köln kommt, wie der umschmeichelt wird. Wie die den bewundern. Und sie sind nicht nur beliebt, sie sind auch geachtet. Wenn man hört, aha, das ist ein Berliner, dann haben die Leute gleich einen anderen Ton, voller Respekt. Schon weil die Berliner einfach gut aussehen, fast alle blond, groß, und die meisten haben auch blaue Augen. Und dann noch der weltberühmte Berliner Witz.

MICHAEL: Erzähl mal. Den kenn ich noch gar nicht.
ALFRED: Du kannst mich doch am Arsch lecken.
MICHAEL: Das war der ganze Witz? Versteh ich nicht.

Alfred winkt ab.

Daß du ursprünglich Berliner bist, merkt man dir jedenfalls immer noch an.
ALFRED: Wieso?
MICHAEL: Wenn es um Humor geht.
ALFRED: Ich hab Humor. Mehr als du jedenfalls, du Stinkbeutel.
RITA: Und intelligenter sind sie auch noch.
ALFRED: Selbstverständlich sind sie das. Und sie sind diejenigen, die seit Jahrhunderten schon vor dem Großen Kurfürsten immer Vorbild waren für die anderen Deutschen und seitdem die Fahne der Freiheit hochhalten.
MICHAEL: Und die von Hertha BSC.
ELSE: Rutsch mal.
ALFRED: Berlin ist einfach Symbol für alles, was dieses Land zu dem gemacht hat, was es einmal war. Ohne Berlin wäre aus diesem Land überhaupt nie was geworden. Da wäre das hier alles Steppe und Urwald, und du würdest jetzt vermutlich noch in einer Höhle auf dem Baum leben.
MICHAEL: Ohne dich ist es überall schön.
ALFRED: Wenn ein normaler Mensch das Wort Berlin hört, dann kriegt er immer noch eine Gänsehaut.
MICHAEL: So schlimm ist das nun auch wieder nicht.
ALFRED: Vor Rührung. Das ist ein heiliger Schauer.
ELSE: Kannst du dich nicht endlich mal woanders hinsetzen? Wie soll ich hier saubermachen, wenn du immer im Weg sitzt?!
ALFRED: Wo soll ich denn hin? Aufs Klo?

ELSE: Wenn du jedenfalls mal ein bißchen mit anfassen würdest. Du könntest beispielsweise ruhig mal den Eimer nehmen und frisches Wasser holen. Beim Fußball hättest du dich ja auch bewegt.

ALFRED: Das ist ja wohl nicht zu vergleichen. Hier hat jeder seine Pflichten. Ich hab meine, und die erfüll ich. Ich bezahl den Eimer, ich bezahl das Wasser. Und ihr macht sauber. Aber nicht ich. Ich hab andere Sorgen.

MICHAEL: Bezahlt alles von seinem eigenen Geld. Für einen Berliner ist das doch gar nicht üblich.

ALFRED: Das hab ich mir doch gedacht. Das wäre ja auch ein Wunder gewesen, wenn du damit nicht gekommen wärst. Jawohl, wir greifen Berlin finanziell unter die Arme.

MICHAEL: Und ganz schön.

ALFRED: Als ob aus deinem Portemonnaie viel kommen würde. Für deinen Anteil kann sich ein anständiger Berliner ja nicht mal eine Rolle Klopapier im Jahr kaufen.

MICHAEL: So 'n paar Blatt aber schon.

ALFRED: Außerdem geht es hier nicht um Klopapier, sondern um Deutschland. Da stehen Millionen Menschen wie ein Fels in der Brandung mitten in einem roten Meer, und du gönnst denen nicht mal die Butter aufs Brot. Aber genau das stört euch ja auch. Daß es da noch Deutsche gibt, die eben nicht nur an Streik und Sauereien denken, sondern an Freiheit und Moral. So eine Stadt kann ja den Sozis nicht ins Konzept passen.

MICHAEL: Nicht ins Konzept! Und warum regieren die da seit Menschengedenken?

ALFRED: So 'ne primitive Frage kann nur von dir kommen. Warum wohl? Warum machen sie sich die Mühe? Weil sie was gelernt haben in den letzten hundert Jahren. Früher konnte man die Sozis ja immer gleich erkennen, weil sie im Untergrund gewühlt haben. Hatten 'ne Schlägermütze auf, einen Brotbeutel umgehängt, schlecht rasiert.

MICHAEL: Jetzt sind sie rasiert. Haare geschnitten und haben Aktentaschen.

ALFRED: Früher wußte man gleich, wenn man einen sah, aha, ein Revolutionär. Da konnte man die Leute der Polizei übergeben. Heute gehört denen sogar die Polizei.

Alfred steht erregt auf, will nach draußen. Als er an der Tür ist, kommt Rita mit dem vollen Eimer gerade vom Sofa herunter. Natürlich stößt Alfred gegen den Eimer und überschüttet Hose und Schuhe mit Wasser.

RITA: Entschuldige!

ALFRED *deutet auf seine Beine*: Nun guck dir das mal an.

RITA: Ich hab ja gesagt, es tut mir leid.

ALFRED: Hinterher! Und was nun?

ELSE: Mein Gott, dann zieh die nassen Sachen aus. Ich hol dir trockenes Zeug.

Alfred beginnt sich auszuziehen. Er ist etwas weinerlich. Rita verschwindet wieder.

Warum gehst du nicht in die Badewanne?

ALFRED: Wozu soll ich jetzt noch in die Badewanne? Ich bin ja wohl naß genug.

ELSE: Ich mein nur, damit du dich nicht erkältest.

ALFRED: Das hättet ihr euch früher überlegen sollen!

ELSE: Es ist ja nun mal passiert. Da beißt man die Zähne zusammen.

MICHAEL: Und Rita hat dir ja das Wasser nicht über die Hose gegossen, weil du so mutig für Berlin eingetreten bist.

Alfred ist jetzt in der Unterhose. Er zieht die Strümpfe aus, wringt sie aus.

ALFRED: Denkst du. Wissen kann man das gar nicht.
ELSE: Kannst du das nicht in der Küche machen? Hier hab ich gerade gewischt.
ALFRED *zu Michael*: Von Siegfried Freund hast du wohl noch nie was gehört, was?
MICHAEL: Siegfried? Nee. Von einem Helmut Freund hab ich mal was gehört. Aber der ist jetzt in Australien.
ALFRED: Siegfried Freund ist der Erfinder vom Unterbewußtsein. Der hat entdeckt, daß manche Leute Sachen tun, die sie gar nicht tun wollen, aber innerlich eben doch möchten, und sie dann tun und später nur nicht wahrhaben wollen.
MICHAEL: Und Rita gießt Wasser über deine Hose, weil sie etwas gegen Berlin hat.

Rita kommt mit einem Stapel Klamotten für Alfred, legt sie auf den Schrank.

RITA: Wogegen soll ich was haben?
MICHAEL: Gegen Berlin, aber ohne es zu wissen.
RITA: Wieso?
MICHAEL: Weil du ihm Wasser über die Hosen geschüttet hast.
RITA: Wenn du meinst.
ALFRED: Bei der Propaganda, die die Sozis gegen Berlin machen, bleibt eben leicht was hängen.
MICHAEL: Das ist doch Stuß. Wenn jemand was für Berlin und die Berliner getan hat, dann waren das die Sozis.
ALFRED: Ihr?! Ausgerechnet. Das einzige, was die Sozis jemals für Berlin getan haben, war, daß sie diesen Herrn Brandt in den Westen abgeschoben haben, nachdem er als Bürgermei-

ster versagt hatte.

MICHAEL: Dem Willy kann man ja viel vorwerfen. Aber als Bürgermeister von Berlin war er prima.

ALFRED: Prima? Du Idiot. Der war einfach zu faul, um überhaupt was zu tun. Da macht man dann natürlich auch keine Fehler. Deshalb ist er anschließend ja auch Bundeskanzler geworden. Weil er als Bundeskanzler überhaupt nicht mehr zu arbeiten braucht, dafür hat er ja die Minister. Ab und zu muß er mal einen Brief schreiben. Aber danach macht er sofort wieder Urlaub.

ELSE: Muß so ein Bundeskanzler uns nicht immer regieren? Jeden Tag?

ALFRED: Durchgreifen müßte er, aber davor hat er Angst. Weil er dann nicht wieder gewählt wird. Jetzt will er sich sogar fürs Durchgreifen einen Stellvertreter halten, damit es an dem hängenbleibt. Der Brandt läßt sich doch eines Tages noch beim Mittagsschlaf vertreten. Auf alle Fälle: für Berlin hat er nie was getan, wenn er mal was getan hat, dann gegen Berlin. Ich würde mich überhaupt nicht wundern, wenn sich eines Tages herausstellt, daß dein sogenannter Bundeskanzler Willy Brandt in Wirklichkeit ein Spion ist von Erich Honecker. Genau wie Ulbricht Spion von Gehlen war. *Alfred beginnt damit, sich anzuziehen.*

MICHAEL: Walter Ulbricht?

ALFRED: Kennst du so viele Ulbrichts?

MICHAEL: Der ehemalige Staatsratsvorsitzende der DDR?

ALFRED: Der Bandenchef aus der Ostzone. Wenn schon Titel, dann die richtigen.

MICHAEL: Und der soll Spion von unserem Geheimdienst gewesen sein?

ALFRED *zu Rita*: Du hast die Hausschuhe vergessen.

Rita reagiert nicht.

Alfred zu Michael: Nicht soll. Ist gewesen. Und zwar von Gehlen sowohl wie vom CIA. So heißt der amerikanische Geheimdienst. *Zu Rita:* Ich hab dir gesagt, du sollst meine Hausschuhe holen . . .

RITA: Tu ich ja. Ich will nur nichts verpassen. Wenn du zu spinnen anfängst . . .

ELSE: Rita! So redet man nicht mit seinem Vater. Wenn der so was sagt, dann steckt auch was dahinter. Auf solchen Gebieten weiß dein Vater eben mehr als wir alle zusammen.

RITA: Aber außer ihm niemand sonst.

ALFRED: Natürlich ist das geheim. Das ist nun mal bei Spionen so. Bis vor ein paar Jahren war das überall geheim. Dann haben die in der Zone das rausgekriegt, und da haben sie ihn ja auch zuerst mal kaltgestellt. Und dann umgebracht.

ELSE: Wie schrecklich.

Rita geht, heimlich Michael einen Vogel zeigend, aus dem Zimmer.

ALFRED: Das ist nun mal Berufsrisiko. Aber bis dahin hat er ja auch gute Arbeit geleistet.

MICHAEL: Auf einmal.

ALFRED *laut*: Als Spion.

MICHAEL: Wenn Ulbricht westlicher Spion war, dann war Frankenstein Schah von Persien.

Rita ist mit den Hausschuhen gekommen. Sie gibt sie ihm. Als er sich nicht bedankt, sondern sie wortlos anzieht –

RITA: Danke.

ALFRED *zu Rita*: Ich sag danke, wenn ich es für richtig halte. *Zu Michael:* Und du kannst dir diesen überheblichen Ton sparen. Wenn man keine Ahnung hat, dann hält man bescheiden die Schnauze. Du mußt dich mal damit abfinden, daß ich in solchen Sachen besser informiert bin als die meisten anderen normalen Menschen.

MICHAEL: Das spricht für deine hirnrissige Phantasie.

ALFRED: Da braucht man keine Phantasie. Da muß man nur zwei und zwei zusammenzählen.

MICHAEL: Dann kommt bei dir aber drei Komma neun raus. Höchstens.

ALFRED: Punkt 1: Ulbricht stammt aus Leipzig. Punkt 2: Ulbricht war Tischler. Punkt 3: Ulbricht war im Turnverein. Irgendwelche Einwände?

MICHAEL: Laß dich bloß nicht aufhalten.

ALFRED: Mein Kollege Westermann, wenn du den kennst . . .

MICHAEL: Nein, aber ich hab von ihm gehört . . .

ALFRED: Mein Kollege Westermann stammt auch aus Leipzig, war ebenfalls Tischler und war auch Turner. Und ob du es glaubst oder nicht: er hat in der gleichen Tischlerei gearbeitet wie Ulbricht in seiner Jugend und sogar in der gleichen Riege im Turnverein mit ihm geturnt. Was sagst du dazu?

MICHAEL: Nichts. Und du?

ALFRED: Na gut. Dann will ich dir noch was verraten. Vielleicht weißt du ja zufällig, daß Walter Ulbricht sich bereits in den zwanziger Jahren als Kommunist getarnt hat.

MICHAEL: Was heißt getarnt? Der war überzeugter Kommunist und ist dann eben in die KPD eingetreten.

ALFRED: Eingetreten? Eingeschleust worden ist er. Ein deutscher Tischler hat doch nicht so mir nichts dir nichts eine kommunistische Überzeugung, schon gar nicht, wenn er auch noch Turner ist. Der ist zunächst mal vom Geheimdienst angeworben worden, dann haben die ihn getestet, und das hat er alles bestanden, und dann haben sie ihn zu Ernst Thälmann geschickt, und der hat nichts gemerkt.

MICHAEL: Weil er so gut sächsisch sprach.

ALFRED: Die Kommunisten sprechen ja meistens Sächsisch. Schalmeispielen hatten sie ihm ja auch beigebracht. Natürlich mußte er zuerst von der Pike auf anfangen, da hat er als Lehrling im Politbüro gearbeitet, aber dann haben sie ihn bald auch in die Partei aufgenommen. Der Tischler – und vielleicht gibt dir das zu denken –, bei dem Westermann gearbeitet hat, und eben auch Walter Ulbricht, ja? . . . dieser Tischler war verheiratet. Und zwar mit einer Kusine vom Schwager von Gehlens Bruder. Nun kannst du deine Witzchen machen.

MICHAEL: Und das hat dir alles Onkel Westermann erzählt?

Alfred lehnt sich befriedigt in seinem Sessel zurück. Aber er hat sich von der Wirkung seiner Information mehr versprochen. Doch bevor er von neuem loslegen kann, redet Else dazwischen.

ELSE: So, wir können wieder einräumen.

ALFRED: Das wird auch langsam Zeit. Als erstes den Sessel. Ich will die Sportschau in Ruhe sehen.

RITA *zu Else*: Willst du nicht erst mal eine kleine Pause machen?

ELSE: Vielleicht einen Kaffee?

RITA: Wenn du in die Küche reinkommst.

ELSE: Das wird schwer. Also doch erst ein paar Möbel. *Zu Michael:* Faß du mit an. Jedenfalls erst mal den Schrank wieder an die Wand.

MICHAEL, *will noch ein bißchen mehr aus Alfred rausholen*: Gleich. Also die Kusine vom Schwager von Gehlens Bruder ... *Michael hilft jetzt mit, den Schrank an die Wand zu schieben.*

ALFRED: Vielleicht auch ein Freund von dem Bruder oder ein Klassenkamerad oder Studienkollege. Das ist doch nun nicht so wichtig.

MICHAEL: Das macht keinen Unterschied mehr.

ALFRED: Eben.

MICHAEL: Aber woher haben die denn gewußt, daß er mal Chef wird von der Kommunistischen Partei? Damals war er ja nur Tischler oder Turner.

ALFRED: Beides.

ELSE *zu Rita*: Wir holen schon mal die kleinen Sachen.

MICHAEL: Ich helf ja gleich.

ALFRED: Fest gerechnet haben sie damit nicht. Aber sie haben die Möglichkeit einkalkuliert. Das ging alles aus dem Test hervor.

MICHAEL: Raffiniert.

ALFRED: Bißchen Glück war ja auch dabei. Die Sache mit den Nationalsozialisten. Daß die da überraschend ans Ruder gekommen sind und daß dann alle höheren Kommunisten nach Moskau zurückgerufen worden sind. Das war natürlich Glück. So ist Ulbricht ja dann ganz bequem in die Höhle des Löwen gefahren, ohne sich da erst einschleichen zu müssen. Und in Moskau hat er dann die Arbeit sofort aufgenommen.

MICHAEL: Welche Arbeit?

ALFRED: Die Bekämpfung des Kommunismus natürlich. Das war ja sein Auftrag. Von historischer Geschichte hast du wohl überhaupt keine Ahnung. Weißt du, wie viele deutsche Kommunisten damals in Sibirien umgebracht worden sind?

MICHAEL: Viele.

ALFRED: Fast alle. Wer nicht nach Sibirien kam, wurde an die Nazis ausgeliefert. Und wer ist nicht nach Sibirien gegangen und auch nicht ausgeliefert worden?

MICHAEL: Walter Ulbricht.

ALFRED: Na endlich. Jetzt merkst du was. Damals war ja Gehlen schon bei unserer Abwehr. Ganz offiziell. Ich möchte nicht wissen, wie oft die dem Ulbricht damals das Gehalt erhöht haben. Mein lieber Mann. Das waren ja Dinger, die der gedreht hat. Erst alle Kommunisten über die Klinge springen lassen. Dann an die Nazis ausliefern. Und dann im Krieg. Wie der das gedreht hat, daß die Russen geglaubt haben, Hitler würde nicht einmarschieren. Mein lieber Mann.

MICHAEL: Alles Ulbricht?

ALFRED: Wer denn sonst? Und dann nach dem Krieg. Da gab's ja zuerst ein paar Rückschläge. Aber dann das größte Ding von allen. Damit hat er sich selbst übertroffen.

MICHAEL: Was denn?

ALFRED: Die Mauer.

MICHAEL: Die Mauer?

ALFRED: Ist die etwa nicht von Ulbricht gebaut worden?

MICHAEL: Doch, schon. Aber ...

ALFRED: Na siehst du. Und damit hat er die Kommunisten endgültig ruiniert.

MICHAEL: Das ist ja fast genial.

ALFRED: Ist es auch. Rechne mal aus, was allein der Bau der Mauer pro Meter gekostet hat, und dann die ganze Strecke. Da kannst du lange multiplizieren, mein Lieber. Wieviel Grund und Boden dabei draufgegangen ist. Die Instandhaltung. Jede Woche neue Tretminen. Die Bewachung, Hundefutter und alles das. Munition. Stolperdraht. Leuchtkugeln. Strom für die Beleuchtung. Das kostet Millionen. Für das Geld hätte man aus der ganzen Zone eine Autobahn machen können. Hätte man vielleicht auch gemacht. Wenn man Autos gehabt hätte.

MICHAEL: Aber mittlerweile haben die doch gemerkt, daß Ulbricht Spion war. Deiner Meinung nach. Warum ...

ALFRED: Ich glaub nicht, daß die das gemerkt haben. Ich glaub eher, das hat ihnen der Brandt verraten. Der arbeitet denen doch in die Hände.

MICHAEL: Wollen wir den Punkt mal weglassen. Warum haben die die Mauer denn hinterher nicht wieder abgerissen?

ALFRED: So was kann man nur fragen, wenn man von der Psychologie der Asiaten keine Ahnung hat.

MICHAEL: Von welchen Asiaten?

ALFRED: Sag bloß, das sind keine Asiaten da drüben. Auch wenn die jetzt nicht mehr auf ihren Kosakenpferden reiten, das sieht man doch am Gesicht. Guck dir die doch mal an: Breschnew, Kossygin ... wie sie alle heißen. *Er zieht mit den Händen seine Wangen, um ostisch zu wirken.* Alles Asiaten. Und wenn die Asiaten eines nicht ausstehen können, dann ist das, Weißen gegenüber Gesicht zu verlieren. So nennen die das jedenfalls, wenn sie zugeben müssen, daß sie reingelegt worden sind.

MICHAEL: Und da zahlen die lieber Unterhalt für die Mauer.

ALFRED: Natürlich. Da müssen die Arbeiter eben Überstunden machen und Sonderschichten und so. Das ist denen doch egal. Hauptsache, sie müssen nicht zugeben, daß man sie aufs Kreuz gelegt hat.

MICHAEL: Also jetzt könnte ich doch eine Tasse Kaffee vertragen. Soviel konzentrierten Stuß. Der Kerl hat ja mit Pflaumenmus gegurgelt.

ELSE: Dann müßt ihr erst mal das Sofa reintragen, damit ich Wasser aufsetzen kann.

Michael und Rita beginnen damit, das Sofa reinzutragen.

ALFRED: Das ist typisch. Wenn diesen linken Dogmankackern was nicht in den Kram paßt, dann werden sie ordinär. Aber von dir laß ich mich noch lange nicht ans Bein pinkeln, Herr

Oberkomsomolze.

ELSE: Also ordinär bist du ja manchmal nun auch ganz schön.

ALFRED: Ich soll was sein? Ordinär? Du bist wohl als Kind vom Leierkasten überfahren worden!

ELSE: Wenn's für so was mal einen Orden gibt, dann könnten die an dir jedenfalls nicht vorbeikommen.

ALFRED: Du dusselige Kuh, wie kannst du so was behaupten! Wenn sich hier im Haus einer vornehm ausdrückt, dann bin ich das. *Er deutet auf Michael.* Dem haben die doch ins Gehirn geschissen.

ELSE: Also so was. Nun gerade eben wieder. Hörst du das denn nicht?

ALFRED: Was?

ELSE: Was du eben gesagt hast.

ALFRED: Was soll ich gesagt haben?

ELSE: Mit dem Gehirn die Sache. Du glaubst doch nicht im Ernst, daß ich so was noch wiederhole.

ALFRED: Da mach dir keine Sorgen. Was ich sage, kann alles wiederholt werden. Was über meine Lippen kommt, ist sauber wie aus der chemischen Reinigung.

MICHAEL: Du solltest in Zukunft vielleicht immer erst mit Jod gurgeln, ehe du den Mund aufmachst.

ALFRED: Ausgerechnet. Wenn hier einer ordinär redet, dann bist du das doch. Du und deine Genossen. Das kotzt einen ja an, was ihr da immer rumschwafelt. Aber doch nicht meine normale Sprache.

RITA: Also solche Ausdrücke wie du nimmt Michi nie in den Mund.

ELSE: Oder sagen wir mal selten.

ALFRED: Leider nicht. Das ist es ja gerade. Wenn er sich einer Ausdrucksweise befleißigen würde, wie ich sie ausübe, dann wäre ja alles in Ordnung.

MICHAEL: Wenn man so gewählt spricht wie du.

ALFRED: Ob das nun gewählt ist oder nicht, das ist doch scheißegal. Man spricht so, daß andere Leute verstehen, was man sagt. Das ist die Hauptsache. Und das kann gar nicht ordinär sein. Das ist nämlich normal, und es wäre für alle besser, wenn du Arschloch dir davon mal eine Scheibe abschneiden würdest. Und jetzt will ich meinen Sessel haben, und dann wird das Fernsehen angemacht.

MICHAEL: Du sagst doch immer, die hätten ein Scheißprogramm.

ALFRED: Ich guck mir kein Programm an, sondern die Sportschau. Oder bringt dich das auch in ideologische Konflikte? Guck du dir Sendungen mit Schwulen an, mit klassenbewußten Faulpelzen und Nutten. Ich guck mir die Sportschau an.

Else geht nach draußen, um den Sessel zu holen.
Rita geht an den Fernseher und will anstellen.

Alfred zu Rita: Du nicht. Du hast Schweißfüße. Da gibt's nur Kurzschluß.

RITA *geht vom Fernseher weg*: Mach doch deinen Mist allein. Schweißfüße. Selbst wenn ich welche hätte, wieso soll es davon Kurzschluß geben?

ALFRED *geht zum Apparat, schaltet ein*: Ich möchte mal wissen, warum ich dich hab zur Schule gehen lassen. Bei Chemie hast du jedenfalls geschwänzt.

Alfred wartet auf das Bild. Nichts geschieht.
Else kommt mit dem Sessel angeschleppt.
Er steht ziemlich dicht bei Else, schaut sie an, aber denkt gar nicht daran, ihr zu helfen. Er deutet nur an, wo der Sessel hin soll.

Da! *Zu Rita und Michael:* Daß einer von euch mal mit anfaßt. Da muß sich die alte Frau mit dem schweren Möbel abschleppen.

Michael hat Else wirklich nicht gesehen. Er geht sofort hin und faßt an. Der Sessel wird abgesetzt.
Alfred kontrolliert. Deutet ein paar Zentimeter seitlich.

Da, hab ich gesagt!

Michael schubst den Sessel auf die Position.

MICHAEL: Manchmal ist es echt schade, daß ich nicht dein Vokabular benutze. Ich hätte dir zu gern gesagt, was du bist.
RITA *zu Alfred*: Also manchmal bist du ehrlich eins.
ELSE: Hast du mich da eben mit gemeint, mit der alten Frau?
ALFRED: Mit welcher alten Frau?
ELSE: Du hast gesagt, die alte Frau soll sich nicht mit den Möbeln rumschleppen.
ALFRED: Ich habe mir erlaubt, diese Bettnässer darauf aufmerksam zu machen, daß sie gefälligst mit anfassen.
ELSE: Du hast gesagt, sie sollen der alten Frau helfen. Hast du mich damit gemeint oder nicht?
ALFRED: Ist das nicht typisch? So geht das immer. Ich will ihr einen Gefallen tun, und was passiert? Ich werde angemeckert.
ELSE: Du brauchst bloß zu sagen: Verzeihung, tut mir leid, das ist mir so rausgerutscht. Du bist keine alte Frau, und schon ist der Fall erledigt.
MICHAEL: Er und sich entschuldigen! Ehe er zugibt, daß er sich im Ton vergriffen hat . . .
ALFRED: Misch du dich doch nicht ein, du Opportunist. *Zu Else:* Wenn du denkst, das ändert was an den Tatsachen, mich

kostet das nur ein Lächeln: Du bist keine alte Frau.

ELSE: Dann sag so was auch nicht noch mal.

ALFRED: Du bist ein kleines Mädchen, das ab und zu noch in die Hose macht, aber bald kommst du in die Schule, und dann willst du damit aufhören.

ELSE: Daß ich nicht mehr siebzehn bin, weiß ich selbst. Aber ich bin eben auch noch nicht siebzig, sondern gerade erst 44 Jahre alt geworden.

ALFRED: Wieviel Jahre du auf der Welt bist, hat doch damit gar nichts zu tun. Wie man aussieht und wie man sich fühlt, darauf kommt es an.

ELSE: Ich fühl mich noch sehr frisch. Frischer als du, was so bestimmte Dinge angeht.

ALFRED: Aber man sieht es dir nicht an. Mehr hab ich gar nicht behauptet.

ELSE: Das ist eine Gemeinheit! So was brauch ich mir nicht gefallen zu lassen.

ALFRED: Du stellst dich ja vielleicht an. Wie 'ne Primel. Dabei kannst du doch gar nichts dafür. Das ist nun mal so. Einer sieht aus wie fünfzig und ist vielleicht erst neunundvierzig. Andere sehen aus wie Mitte Dreißig und sind schon an die sechzig. Aber das ist doch keine Schande.

MICHAEL: Du etwa?

ALFRED: Daß ich jünger aussehe, wie – *deutet auf Else* – sieht ja nun ein Blinder mit'm Krückstock.

ELSE: Du solltest mal in einen Spiegel gucken!

MICHAEL: Es sind ja genug im Haus. Aber vielleicht ist er zu faul, sich 'ne Leiter zu nehmen. So sieht er vielleicht nur seinen Hut.

ALFRED: Wenn du mal eines Morgens aufwachst und hast ein Brotmesser im Rücken, mußt du dich nicht wundern. Hier wird sachlich diskutiert und nicht persönlich beleidigt.

ELSE: Und was hast du mit mir gemacht? Wie redest du mit deiner eigenen Gattin?

ALFRED: Ich hab nicht geredet, ich habe eine sachliche Feststellung getroffen.

ELSE: Nennst du das vielleicht sachlich, wenn du deiner eigenen Gattin vorwirfst, sie sieht aus wie 'ne alte Schachtel?

ALFRED: Ich werf dir das eben nicht vor. Ich hab nur die sachliche Feststellung getroffen, daß das nun mal so ist.

ELSE: Und selbst wenn das stimmt, woher kommt das wohl? Oder woher kommt es, wenn du glaubst, daß du jünger aussiehst als du bist?

ALFRED: Ich glaub das nicht. Es ist so. Und das kommt daher, daß ich täglich meine Pflicht tue und gesund lebe und keinen ausschweifenden Lebenswandel führe.

ELSE: Ich etwa?

ALFRED: Woher soll ich wissen, was du hinter meinem Rücken machst?

Else geht zunächst auf ihn zu, als wolle sie ihn schlagen oder kratzen, auf alle Fälle ihm irgendwas antun, dann entschließt sie sich aber, die Küche zu verlassen.

ELSE: Du ... du ... du ... weißt du, was du bist ... ein Schuft!

Else ab.
Alfred ist völlig verwirrt. Er fühlt sich zu Unrecht angegriffen. Für einen Moment allgemeine Verlegenheitspause.

RITA: Merkst du das eigentlich gar nicht, wie gemein du zu Mami manchmal bist?

ALFRED: Was hackt ihr denn auf mir rum? Was hab ich denn getan? Ist das meine Schuld, wenn sie so mickrig aussieht? Ich behalt sie ja trotzdem. Oder etwa nicht? *Er steht auf, geht zur Tür, schaut nach draußen. Ein bißchen ratlos:* Was ist denn plötzlich in die gefahren? *Er ruft nach draußen:* Else! Was hat die denn? *Wieder nach draußen:* Else! Was sagt man dazu. Jetzt spielt die noch die beleidigte Leberwurst. *Wieder nach draußen:* Nun stell dich doch nicht so an, Menschenskind. Hat dich etwa jemand gekränkt oder beleidigt?

ELSE *von draußen*: Beleidigt? Das ist viel schlimmer als eine Beleidigung. Beleidigungen bin ich ja allmählich von dir gewohnt. *Sie kommt langsam ins Bild, auf ihn einredend, kommt so allmählich wie unabsichtlich wieder ins Zimmer.* Was du gemacht hast, ist viel schlimmer. Du hast mich nämlich verletzt.

ALFRED: Zeig mal. Wo denn?

ELSE: Mach dich nicht noch darüber lustig, du brutaler Kerl. Du hast mich innerlich verletzt, in meiner Seele.

ALFRED *winkt ab*: Ach so. Ich dachte schon, ich wäre irgendwo gegengekommen. *Zu den anderen, fest mit Zustimmung rechnend, zumindest mit der von Michael:* Diese Weiber. Alle verweichlicht. Alles wollen sie machen und alles wollen sie können. Nur die Wirklichkeit so nehmen, wie sie ist, das wollen sie nicht.

ELSE: Und wenn ich wirklich älter aussehe, als ich bin? Woher kommt das denn wohl? Weil ich nämlich mit einem Scheusal verheiratet bin und nicht mit einem anständigen Mann. Von morgens bis in die tiefe Nacht muß ich hier rackern, und hauptsächlich deinetwegen. Bügeln, Nähen, Waschen, Kochen, Saubermachen . . .

ALFRED: Arbeiten müssen wir alle. Was ist dabei so ungewöhnlich?

ELSE: Bist du in den 25 Jahren, die wir nun schon verheiratet sind, irgendwann mal auf die Idee gekommen, mir irgendeine

Arbeit abzunehmen? Hast du auch nur mal eine Tasse abgewaschen in all den Jahren?

ALFRED: Bist du in all den Jahren einmal für mich ins Büro gegangen?

ELSE: Nicht mal deinen eigenen Sessel kannst du wieder ins Zimmer zurücktragen.

ALFRED: Weil ich ihn nicht rausgetragen habe. Das warst du doch. Hab ich gesagt, du sollst den Sessel raustragen? Du und abrackern. Ich hab sogar zwei Leute, auf die ich aufpassen muß, daß sie arbeiten, und muß obendrein noch selbst arbeiten. Du kannst doch hier allein schalten und walten, wie es dir gefällt. Weißt du gar nicht, wie andere Frauen arbeiten müssen. Die haben sechs oder acht Kinder oder mehr. Der Mann ist Alkoholiker vielleicht oder sonstwas. Und die Frau muß außerdem noch jeden Tag zehn Stunden in die Fabrik. Und wenn sie dann nach Hause kommt, muß sie auch noch alles machen und vielleicht sogar noch Schnaps kaufen. Für den Mann. Als du mich geheiratet hast, da hast du doch das große Los gezogen.

MICHAEL: Wenn du das große Los bist, dann möchte ich nicht die Nieten sehen.

ALFRED: Dann guck dich mal im Spiegel an!

RITA: Ich finde, wir sollten jetzt mit dem ganzen Kram aufhören. *Zu Alfred:* Jedenfalls bist du ziemlich anspruchsvoll, was die Hausarbeit angeht.

ALFRED: Anspruchsvoll? Ich bin ganz normal, wie alle anderen Männer.

ELSE: Aber andere Männer meckern nicht noch obendrein. Ich mach das ja alles auch gern. Eben nur nicht, wenn man mir hinterher noch vorwirft, ich bin 'ne alte Frau. Das bin ich nämlich nicht.

RITA: Bestimmt nicht, Mami. Du bist überhaupt keine alte Frau.

Und wenn du ein bißchen mehr Zeit für dich hättest und dich ein bißchen zurechtmachen würdest, dann würden die Leute denken, du wärst meine Schwester.

ALFRED: Vielleicht noch die jüngere?

RITA: Nun ist aber Schluß. Warum guckst du dir nicht endlich deinen Mistfußball an und läßt uns zufrieden?

Alfred erschrickt. Er schaut auf den Fernseher.

ALFRED: Mensch. Die Sportschau. Der Apparat ist gar nicht angegangen. *Er geht zum Fernseher, schaut nach, ob er eingeschaltet ist.* Was habt ihr denn mit dem Fernseher gemacht?

MICHAEL: Diese alten Kästen brauchen 'ne Weile, bis sie warm sind.

ALFRED: Aber nicht 'ne ganze Stunde. Das ist ein Fernseher und kein Ofen. Das ist mir schnurz, ob er warm oder kalt ist. Ich will, daß er läuft. *Er faßt ans Gehäuse.* Habt ihr da etwa Wasser drübergeschüttet?

ELSE: Was denn für Wasser?

ALFRED: Was für Wasser ... Als ich hier ankam, sah das ja aus wie ein Swimmingpool.

Draußen pfeift der Wasserkessel.

MICHAEL: Der Ton kommt.

ELSE: Ich hab Wasser aufgesetzt für Kaffee. *Else will raus.*

RITA: Setz du dich hin, ich mach das.

Rita geht.
Else setzt sich.
Michael schaut nach, ob der Stecker des Fernsehers in der Dose ist.

ALFRED: Das wird ja 'ne schöne Brühe geben. *Zu Michael:* Was machst du denn da hinter dem Fernseher?

MICHAEL: Ich wollte nur sehen, ob der Stecker drin ist.

ALFRED: Natürlich ist er drin.

MICHAEL: Hätte ja sein können.

ELSE, *noch immer etwas verzagt, leise*: Vielleicht hängt das mit der Klingel zusammen, die ist ja auch kaputt.

ALFRED: Also, du kochst besseren Kaffee als deine mißratene Tochter, aber in technischen Dingen bist du ja nun nicht gerade Weltmeister.

MICHAEL: Das kann doch möglich sein.

ALFRED: Was soll da möglich sein? Geht der Fernseher vielleicht an, wenn ich draußen auf die Klingel drücke?

MICHAEL: Das nun nicht gerade. Aber . . .

ALFRED: Und wenn man dreimal klingelt, explodiert das Bügeleisen. Du bist ja vielleicht ein Dilettant.

ELSE: Ich hab gedacht, daß vielleicht kein Strom da ist.

ALFRED: Wieso soll kein Strom da sein? *Alfred geht an den Schalter, dreht, kein Licht.* Sag bloß, diese Saftärsche streiken schon wieder.

Rita bringt Geschirr, verteilt es auf dem Tisch.

RITA: Übrigens brennt in der Küche kein Licht. Da ist die Birne kaputt.

ALFRED: Du hättest Albert Einstein heiraten sollen. Das Licht geht nicht, und die weiß sofort, woran das liegt.

RITA: Ist wieder was?

Michael geht nach draußen.

ALFRED: Wo willst du hin?

MICHAEL: Ich guck nach, ob die Sicherung vielleicht durchgebrannt ist.

ALFRED: Da ist man mal eine halbe Stunde nicht zu Hause, und schon bricht die ganze Elektronik zusammen. Also, das kann ich euch sagen, wenn ich wegen eurer Schlampigkeit die Sportschau nicht sehen kann, dann ist aber was los hier. Dann werdet ihr mich mal von einer ganz anderen Seite kennenlernen.

RITA: Anders?

ALFRED: Dann werde ich aber wirklich mal ordinär.

ELSE: Aber was sollen wir denn gemacht haben? Den Apparat haben wir überhaupt nicht angerührt. Den haben wir nicht mal rausgestellt. Der hat die ganze Zeit da gestanden.

ALFRED: Ausreden hast du ja noch immer gehabt.

Das Licht geht an. Kurz danach klingelt es.

RITA: Das Licht brennt wieder.

ALFRED: Ich bin ja nicht blind.

ELSE, *etwas später als die anderen beiden*: Ach du großer Gott, wer kommt denn jetzt zu Besuch?

Else will zur Tür, aber da kommt ihr Michael entgegen.

MICHAEL: Die Sicherung war durch. Die Klingel geht auch wieder.

ELSE, *die fast an ihm vorbei war*: Ach, hast du geklingelt?

MICHAEL: Ja, warum?

ELSE: Ich dachte schon, es wär Besuch.

Else geh zurück. Sie bleibt dann stehen.
Alfred setzt sich in seinen Sessel, starrt auf den Apparat.

Ich guck mal nach'm Kaffee.

Else geht. Rita hinterher. Michael setzt sich neben Alfred, zieht sich einen Stuhl heran.

MICHAEL: Wird das Spiel Schalke–Hertha denn überhaupt übertragen?

ALFRED: Was denn sonst heute? Kann ja nur sein.

MICHAEL: Ist sonst nichts Wichtiges?

ALFRED: Nicht so wie Hertha. Meinst du etwa, die übertragen so was wie Mönchengladbach gegen den 1. FC Köln? Das interessiert doch keine Sau.

MICHAEL: Mich schon.

ALFRED: Bei dir sind das immer die gleichen politischen Gründe. Selbst beim Fußball.

Alfred steht beunruhigt auf, weil noch immer kein Bild erscheint. Allerdings ist die Scheibe erleuchtet. Strom ist also da. Aber weder normales Bild noch Ton.

Wo es doch beim Fußball um ideelle Dinge geht. Aber davon verstehst du als Marxist natürlich nichts.

MICHAEL: In den sozialistischen Ländern wird auch Fußball gespielt.

Alfred dreht an einigen Knöpfen, noch halb bei der Sache.

ALFRED: Aber wie. Das sind doch alles Roboter. Da geht alles nach Schema F.

MICHAEL: Aber die schießen Tore.

ALFRED: Tore. Aber was für Tore. Imita – *er winkt ab, weil selbst ihm ein solcher Kalauer zu dick ist* – die können doch nur, was sie bei uns abgeguckt haben. Die halbe Defa hat doch jahrelang nichts anderes zu tun gehabt, als Beckenbauer zu filmen. Jede einzelne Handbewegung haben die studiert. Und das müssen die drüben dann alles haargenau nachmachen. Eben weil das im echten Sinn keine Persönlichkeiten sind, sondern Funktionäre.

MICHAEL: Die Spieler sind Funktionäre und die Funktionäre sind auch Funktionäre?

ALFRED: Alle sind Funktionäre. Jeder in der Ostzone ist irgendwo Funktionär. Wo die Roten am Ruder sind, wird eben alles plattgewalzt. Da werden alle in blaue Drillichanzüge gesteckt und müssen Weltrevolutionen machen.

MICHAEL: Da haben wir ja noch mal Glück gehabt, daß wir nur Sozis an der Regierung haben und keine Kommunisten.

ALFRED: Da gibt's keinen Unterschied.

MICHAEL: Hast du nicht eben gesagt, im Fußball . . .?

ALFRED *unterbricht*: Nur im Fußball. Weil dafür nicht die Bundesregierung zuständig ist, sondern die Länder. Weshalb sind wohl die Bayern so weit vorne in der Bundesliga?

MICHAEL: Wegen Franz Josef?

ALFRED: Weil da die CSU an der Macht ist, allerdings. Da entfalten sich eben denn die freien Spielerpersönlichkeiten. Beckenbauer, Höness, Müller. Alles Persönlichkeiten. Guck dir dagegen mal die Bundesregierung an. Einer wie der andere. Alle auf Einheitskurs. Keine Unterschiede.

MICHAEL: Das mußt du unbedingt mal dem Kanzler sagen. Der weiß das bestimmt nicht.

ALFRED: Und ob der das weiß. Weshalb machen die denn dauernd die Schaukämpfe im Kabinett? Damit der Eindruck verwischt wird, sie seien alle Funktionäre. Aber die wollen dem Volk damit nur Sand in die Augen schütten. In Wirklichkeit halten die zusammen wie Pech und Schwefel. Halten stur Kurs auf die Weltrevolution. *Er ist jetzt mehr auf den Apparat konzentriert.* Das Ding ist kaputt. Verdammte Scheiße.

MICHAEL, *noch beim Gespräch*: Hoffentlich wirst du bei der Weltmeisterschaft nicht dein blaues Wunder erleben.

ALFRED: Nicht mal das dritte Programm geht.

ELSE: Dann ist der Apparat wirklich kaputt. Das haben wir ja noch nie benutzt. Das müßte ja schließlich noch so gut wie neu sein.

ALFRED: Wenn ihr schon mal saubermacht. Hol mal einen Schraubenzieher.

Michael geht jetzt ebenfalls an den Apparat. Er schaut sich das an.

RITA: Wo ist denn der Schraubenzieher?

ALFRED *ironisch*: Auf'm Klo vermutlich. *Lauter:* Da, wo er hingehört. Im Werkzeugkasten natürlich.

Rita geht.

MICHAEL: Sag bloß, du willst den Apparat selbst reparieren.

ALFRED: Das kommt darauf an, was kaputt ist. Wenn die Röhre im Eimer ist, natürlich nicht. Aber wenn da nur ein Kabel durchgeschmort ist . . .

RITA *kommt zurück*: Und wo ist der Werkzeugkasten?

ALFRED: Wieso fragst du mich das?

ELSE *steht stöhnend auf*: Ich geh schon.

ALFRED: Übernimm dich nur nicht.

Else geht.

Erst macht sie den Apparat kaputt, und dann ist sie zu faul, einen Schraubenzieher zu holen.

MICHAEL *deutet auf die Rückwand*: Hier steht extra drauf, daß man nicht mal die Rückwand aufmachen darf. Das darf nur der Fachmann.

ALFRED: Das schreiben die doch nur drauf, damit sie die Leute einschüchtern und einen Klempner bestellen, der schon fürs Guten-Tag-Sagen 20 Mark kassiert.

Else kommt mit einem sehr großen Schraubenzieher zurück. Sie gibt ihn Alfred.

ELSE: Hier.

Alfred schaut sich den Schraubenzieher an.

ALFRED: Ich will schrauben und nicht den Garten umgraben. Ich brauch keinen Spaten, sondern einen Schraubenzieher.

ELSE: Ist das keiner?

ALFRED: Aber was für einer. Der geht für Öltanker. Aber nicht für elektronische Feinmechanik.

ELSE: Ein anderer war nicht da.

ALFRED: Dann bring mal den Kasten her. Kein anderer da . . .

ELSE: Ich weiß nicht, wo der Kasten ist.

ALFRED: Was heißt das, du weißt nicht, wo der Kasten ist? Du hast doch eben diesen Schraubenzieher da rausgenommen.

ELSE: Der war in der Besteckschublade, bei den Löffeln.

ALFRED: Wo bin ich denn hier? Ist das ein ordentliches deutsches Haus oder eine Kommune?

ELSE: Such doch selbst, ich bin zu müde. *Sie läßt sich aufs Sofa fallen.*

ALFRED: Was ist denn nun los? Seid ihr alle verrückt geworden? Das ist ja fast schon 'ne Meuterei.

MICHAEL: Du kannst den Apparat doch nicht selbst reparieren.

Ob du nun einen kleinen Schraubenzieher nimmst oder einen großen.

Alfred hat den Apparat wütend rumgedreht, so daß jetzt die Rückwand ins Zimmer zeigt. Er hat angefangen, die Schrauben loszudrehen.

Da ist Hochspannung drin.

ALFRED: 220 Volt, du Idiot. Das ist ein Fernsehapparat und kein Atomkraftwerk.

Michael geht in Richtung Tür.

MICHAEL: Ich werde vorsichtshalber jedenfalls die Sicherung rausdrehen.

ALFRED: Das kriegst du fertig. Wie soll man ein elektrisches Gerät wohl reparieren, wenn der Strom abgeschaltet ist? Könnt ihr denn gar nichts mehr? Als ich so alt war wie du, da haben wir uns unsere Fernseher noch selbst gebaut. Oder sagen wir mal Radios. Fernseher gab's ja noch nicht. Aber diese verwöhnten Salonbubis von heute können nicht mal eine Schraube losdrehen.

MICHAEL: Zieh wenigstens den Stecker raus.

Alfred hat die Rückwand geöffnet. Er betrachtet stolz das Innere.

ALFRED: Guck dir das mal an. Das ist noch deutsche Wertarbeit. Da hat man noch was für sein Geld gekriegt. Das haben nicht irgendwelche Türken oder Chinesen zusammengekloppt.

MICHAEL: Da kannst du gar nichts machen.

Alfred blickt in den Apparat, rührt aber nichts an.

Du brauchst mindestens einen Schaltplan.

ALFRED *haut auf den Apparat*: Wenn ich sehen will, ob da ein Kabel durchgeschmort ist oder nicht, brauch ich gesunde Augen, weiter nichts.

RITA: Soll ich dir deine Brille holen?

Langsam kommt der Ton mit der Erkennungsmusik der Sportschau.
Alfred schaut zunächst verblüfft auf den Apparat, dann schaut er der Reihe nach, leicht die Stirn runzelnd, Michael, Rita und Else an.
Gleichzeitig Huberty (unsichtbar) Begrüßung der Zuschauer.

MICHAEL: Guck mal: Der Tor des Monats.

RITA: Was war denn kaputt?

ALFRED: Als ob es Sinn hätte, dir das zu erklären.

MICHAEL: Hauptsache, es ist noch mal gutgegangen. Soll ich wieder zuschrauben? *Er will Alfred den Schraubenzieher abnehmen, aber sanft natürlich.*

ALFRED: Laß du bloß die Finger davon. Was ich anfange, mach ich auch zu Ende.

MICHAEL: Ich würde aber wenigstens jetzt ausschalten, wenn ich mit dem Schraubenzieher rangehe.

ALFRED: Nun laß mich endlich mit deinen dilettantischen Ratschlägen zufrieden. Hab ich den Apparat repariert oder du?

Alfred schlägt die Rückwand überlegen zu.
Sofort gibt es eine heftige Explosion.

MICHAEL: Du? Aber ich weiß schon, wie das Spiel ausgegangen ist.

ALFRED: Halt bloß die Schnauze.

MICHAEL: Hertha hat verloren, aber nur 0:3.

ALFRED: Du anarchistischer Drecksack!

Die Familie . . .

... sei eines der Meisterwerke der Natur, meinte George Santayana, der spanisch-amerikanische Harvard-Philosoph. Er war nachweislich nie in jenem bekannten Ruhrpottreihenhaus mit der Telefonzelle davor.

Die Familie (familia domestica communis, die gemeine Hausfamilie) komme in Mitteleuropa wild vor und verharre gewöhnlich in diesem Zustande – schrieb Tucholsky. Er war schon näher dran.

Und Georg Simmel, der Berliner Soziologe, entdeckte, daß keiner einem andern so weh tun könne wie ein engeres Familienmitglied, weil es genau um die empfindlichsten Stellen des Opfers wisse. Vielleicht hat er Tetzlaffs Großvater gekannt.

Übrigens: Bei einer Befragung repräsentativ quergeschnittener Bundesbürger kam heraus, daß vier von zehn Streitereien in der Familie das Thema Geld zum Anlaß haben. Kindererziehung, Seitensprünge, Verwandtenbesuche, Kleiderwünsche und Verdauungsbeschwerden folgen weit dahinter. Es ist dabei überraschend nicht immer nur der Mangel an Geld, der zu Unstimmigkeiten führt.

Elisabeth Wiedemann (Mutter Else) in
«Ein Herz und eine Seele»

Heinz Schubert (Alfred Tetzlaff) und Elisabeth Wiedemann (Mutter Else) in «Frühjahrsputz»

Elizabeth Wiedemann (Mutter Else) in «Frühjahrsputz»

Elisabeth Wiedemann (Mutter Else) in «Frühjahrsputz»
(Alfred Tetzlaff) in «Frühjahrsputz»

Heinz Schubert (Alfred Tetzlaff) in «Frühjahrsputz»

Heinz Schubert (Alfred Tetzlaff) in «Frühjahrsputz»

Heinz Schubert (Alfred Tetzlaff) in «Frühjahrsputz»

Heinz Schubert (Alfred Tetzlaff) in «Frühjahrsputz»

Selbstbedienung

Kasse Supermarkt

Else ist an der Kasse. Sie hat ziemlich viel eingekauft. Unter anderem einen Mülleimer. Sie hat fast alles bei der Kasse fertig, ist bei den letzten Artikeln. Die Kassiererin rechnet zusammen. Seitwärts steht Fränkel, Manager im Supermarkt, und beobachtet die Szene.

KASSIERERIN: 44,28.
ELSE *hat ihr Portemonnaie schon in der Hand*: 44,28? O Gott. Daß ich soviel gekauft habe.

Kassiererin wartet stumm. Die Leute hinter Else gucken ungeduldig, während Else etwas nervös und penibel jetzt das Geld zusammenklaubt.

Erst mal 20 . . . 40 . . .

Else hat fünf Mark in der Hand, sucht aber nach kleinem Geld.

KASSIERERIN: Geben Sie mir doch die fünf Mark.
ELSE: Ich hab's glaube ich auch klein. So, das wären erst mal zwei Mark. Hier ist noch ein fünfziger . . . wieviel fehlen denn noch?
KASSIERERIN: Das sind jetzt 42,50 . . .
ELSE *schaut auf die Kasse*: Und wieviel waren das? 44,28. Das wird ja mit einer Schnelligkeit alles teurer. Vorige Woche hab ich noch für unter 30 Mark eingekauft.
KASSIERERIN: Für die gleichen Waren?
ELSE: Natürlich nicht. Die haben wir doch lange aufgegessen.

Kassiererin: Dann können Sie das ja auch nicht vergleichen.

Else: Na ja, Sie dürfen das mit den Preissteigerungen natürlich auch nicht zugeben. Sonst kriegen Sie sicher Ärger mit der Regierung. *Sie nimmt Groschen und zählt weiter:* 10 ... 20 ... 30 ... 40 ... 50 ... 60 ... hier ist noch ein Fünfziger. Jetzt haben wir's ja gleich. Zwei Fünfziger sogar ... Das müßte hinkommen ...

Kassiererin *zählt*: 44,10 ... Es fehlen noch 18 Pfennige.

Else *hat schon wieder ein bißchen mehr zusammen*: Sind schon 16 ... *Sie wühlt in ihrer Tasche, findet aber nichts mehr. Versucht es in der Manteltasche.* Sehen Sie, wer sucht, der findet. *Sie reicht noch einen Pfennig.*

Kassiererin: Es fehlt noch ein Pfennig.

Else wartet einen Moment, weil sie denkt, die Kassiererin findet sich damit ab. Aber die bleibt gleichgültig.

Else: Na gut, dann geb ich Ihnen doch fünf Mark. Dann müssen Sie aber wechseln.

Else gibt die fünf Mark.
Die Kassiererin läßt das Kleingeld liegen.

Kassiererin: Nehmen Sie bitte Ihr Kleingeld.
Kassiererin drückt auf die Knöpfe. Automatische Geldrückgabe. Else geht, um die Ware einzupacken. Sie hat ein Netz mit. Sie fängt an einzupacken.
Kassiererin ist beim nächsten Kunden.

Else *zur Kassiererin*: Könnte ich noch 'ne Tüte haben? Das kommt doch nicht hin.

Kassiererin *reicht ihr die Tüte*: Zehn Pfennige.

ELSE: Also so was. Kosten die immer noch Geld? Es gibt doch genug Öl.

KASSIERERIN: Wollen Sie die Tüte oder nicht?

ELSE: Dann pack ich das lieber in den Eimer. Außerdem sind die gar nicht aus Öl, die Tüten, hab ich gehört.

Kassiererin nimmt die Tüte wieder weg. Als Else den Mülleimer öffnet, um da Sachen reinzutun, kommt Fränkel.

FRÄNKEL: Moment bitte. *Er schaut in den Eimer.* Darf ich mal Ihren Beleg haben?

ELSE: Was für 'n Beleg?

FRÄNKEL: Den Kassenzettel.

ELSE: Ach so. *Sie fängt an zu suchen.* Der muß hier irgendwo sein. *Sie findet ihn, stolz:* Da ist er.

Fränkel nimmt ihn, schaut ihn sich an. Während er noch auf den Zettel blickt, nimmt er ein Paket Plastikmüllsäcke aus dem Eimer. Noch auf den Zettel konzentriert. Schließlich schaut er auf die Müllsäcke, um sich den Preis anzusehen, schaut wieder auf den Zettel. Dann schaut er Else an.

FRÄNKEL: Würden Sie bitte mal mitkommen?

ELSE: Was ist denn?

FRÄNKEL: Haben Sie die Müllsäcke bezahlt?

ELSE: Ach, das kann sein, daß ich das vergessen habe.

FRÄNKEL *ironisch*: Vergessen, ja. *Er legt die Waren wieder in den Korb zurück.* Das packen wir alles wieder ein.

ELSE: Was soll denn dieser ganze Umstand? *Zur Kassiererin:* Ich bezahl noch die Müllsäcke.

Kassiererin blickt kurz zu Fränkel, der schüttelt den Kopf.

FRÄNKEL *zu Else*: Das hätten Sie sich früher überlegen müssen.

Fränkel nimmt den Wagen und schiebt ihn vor sich her, er behält Else aber unauffällig im Auge, damit sie nicht türmt. Doch Else denkt gar nicht daran, denn sie weiß noch immer nicht, was los ist.

ELSE: Aber was soll ich denn mit dem Eimer, wenn Sie mir die Tüten gar nicht verkaufen wollen.

FRÄNKEL: Das besprechen wir alles in Ruhe im Büro. Kommen Sie bitte mit . . . ich geh mal vor.

ELSE: Was für ein Aufwand. Aber viel Zeit hab ich nicht. *Sie entdeckt Frau Suhrbier.* Hallo, Frau Suhrbier – *sie winkt fröhlich* – ich komm auch gleich. Ich geh eben hier ins Büro. *Zu Fränkel:* Das ist meine Nachbarin, Frau Suhrbier.

Beide ab.

Büro Fränkel

Ein kleines Kabuff mit hochliegenden Fenstern zum Supermarkt hin.
Im Büro kleiner Schreibtisch, Schrank, Musterpackungen, Plakate und ein weiterer Stuhl.
Fränkel setzt sich gleich an seinen Schreibtisch. Er holt aus einer Schublade ein Formular, will es ausfüllen. Er bietet Else keinen Platz an.

FRÄNKEL: Haben Sie Ihren Personalausweis dabei?

ELSE: Ich gehöre doch gar nicht zum Personal. Ich bin Kundin bei Ihnen.

FRÄNKEL: Ihren Ausweis meine ich.
ELSE: Ach so. Ich dachte schon, Sie hätten mich verwechselt.
FRÄNKEL: Haben Sie ihn bei sich?
ELSE: Den Ausweis? Natürlich. Den hab ich immer dabei. Es kann einem ja immer was zustoßen, heutzutage.
FRÄNKEL: Darf ich ihn mal sehen?
ELSE: Ich weiß alles aus'm Kopf, was drinsteht. Aber wenn es Ihnen lieber ist . . .

Else fängt an, in ihrer Handtasche danach zu suchen. Sie findet ihn sogar. Sie reicht ihn Fränkel rüber, setzt sich dabei hin.

Hier. Das Bild ist leider nicht besonders hübsch. Oder meinen Sie, daß mir die alte Frisur besser gestanden hat?

Else versucht, auf das Formular zu blicken, während Fränkel anfängt zu schreiben.

Was schreiben Sie denn da alles auf?
FRÄNKEL: Ihre Personalien.
ELSE: Ach die. Und wozu brauchen Sie die? Nur wegen der Tüten?
FRÄNKEL: Allerdings wegen der Tüten.
ELSE: Daß die soo knapp sind, hätte ich ja wirklich nicht gedacht. Muß ich da nun jedesmal meinen Ausweis vorzeigen, wenn ich welche haben will? Und das wird immer eingetragen? *Sie steht zögernd auf, weil sie nicht weiß, ob sie überhaupt sitzen darf.*
FRÄNKEL: Tetzlaff, Else Dorothea . . .
ELSE: Else reicht völlig. Die meisten Leute kennen die anderen Vornamen gar nicht. *Sie schaut aus dem Fenster in den Supermarkt. Sie dreht sich kurz zu Fränkel:* Machen Sie bloß nicht zu lange. Mein Mann kommt gleich nach Hause, und wenn

dann das Essen nicht auf dem Tisch steht, dann ist aber was gefällig. *Sie schaut wieder nach draußen. Erkennt Frau Suhrbier.* Da ist sie wieder. *Sie winkt nach draußen.* Aber sie guckt nicht her.

FRÄNKEL: Sie müssen sich schon gedulden. Das dauert seine Zeit.

ELSE: Länger als eine Viertelstunde kann ich nicht, damit müssen Sie sich schon abfinden.

FRÄNKEL: Daran hätten Sie vorher denken sollen.

ELSE: Ich kauf immer um die Zeit ein. Vorher muß ich ja saubermachen.

FRÄNKEL: Hier geht es nicht darum, daß Sie eingekauft haben, sondern daß Sie gestohlen haben.

ELSE *perplex*: Daß ich was? Ich soll gestohlen haben? Also so was! Wie kommen Sie denn darauf? Ich und stehlen.

FRÄNKEL: Wie würden Sie das denn bezeichnen, wenn einer im Supermarkt Waren an sich nimmt und sie dann an der Kasse nicht bezahlt?

ELSE *noch heiter*: Nicht bezahlt. 44 Mark 28 hab ich bezahlt. Fragen Sie doch das Fräulein an der Kasse, die wird sich an mich erinnern, weil ich es fast passend gehabt hätte, und dann mußte ich ihr doch die fünf Mark geben, weil . . .

FRÄNKEL: Ich rede von den Müllsäcken.

ELSE: Ach richtig, die Mülltüten. Was kosten die denn eigentlich?

FRÄNKEL: 1 Mark 42. Aber das Delikt ist unabhängig von dem Betrag.

ELSE *noch immer unbeschwert, fast neckisch*: Also wenn man Ihnen so zuhört, dann kriegt man ja direkt eine Gänsehaut.

FRÄNKEL: Ich beschreibe nur, was passiert ist. Daß Sie die Mülltüten nicht bezahlt haben. Oder wollen Sie das bestreiten?

ELSE: Natürlich nicht. Das wissen Sie doch selbst. Sie haben doch daneben gestanden.

FRÄNKEL: Eben.

ELSE: Na also. Sie jagen einem ja direkt einen Schrecken ein. Ich und stehlen. Das würde ich nie fertigkriegen.

FRÄNKEL: Ich fürchte, Sie sind sich noch immer nicht über den Ernst der Situation im klaren. Aber das müssen Sie selbst wissen.

ELSE: Daß ich die Mülltüten im Eimer vergessen hatte? Das ist doch wohl nicht gleich eine Situation. Ich hab doch sofort gesagt, die bezahl ich selbstverständlich.

FRÄNKEL: Nachdem ich die Tüten entdeckt hatte.

ELSE: Also entdeckt würde ich dazu wohl auch nicht sagen. Wenn Sie sie nicht gesehen hätten, dann hätte ich sie ja gesehen, oder auch eben entdeckt, wie Sie sagen.

FRÄNKEL: Ich habe keine Zeit, mich den ganzen Tag mit Ihnen über Begriffe zu streiten.

ELSE: Eben. Ich auch nicht. Das hab ich Ihnen eben schon gesagt. Aber ich kann auch nicht auf mir sitzenlassen, wenn Sie hier einfach behaupten, ich hätte was gestohlen. Auch wenn wir hier allein sind. Was meinen Sie, was Alfred sagen würde, wenn Sie dem so was an den Kopf geworfen hätten.

FRÄNKEL: Wer?

ELSE: Alfred. Das ist mein Mann. Ich dachte, Sie kennen ihn. Der kauft hier nämlich auch manchmal ein. Er glaubt nämlich, er kann das besser. Und wenn Sie sich hier nicht beeilen, dann kommt er her.

FRÄNKEL: Von mir aus. Aber wenn Sie nicht wollen, daß wir das hier in Ruhe erledigen, dann kann ich auch gleich die Polizei holen. Ich habe wirklich keine Lust, hier ständig . . .

ELSE: Sie wollen die Polizei holen? Wegen mir?

FRÄNKEL: Daß ich hier zunächst die Angelegenheit so zu bereinigen versuche, wollen Sie bitte als Entgegenkommen der Firma Müggenburg verstehen.

ELSE: Was haben Sie gesagt?

FRÄNKEL: Darf ich hier jetzt zu Ende machen?

ELSE: Wenn es schnell geht, sonst nicht. Ich habe keine Lust, die ganze Zeit hier rumzusitzen.

FRÄNKEL: Wenn die Polizei kommt, dauert es noch länger.

ELSE: Was wollen Sie denn eigentlich immer mit der Polizei? Meinen Sie, die hat nichts anderes zu tun? Weil ich die Mülltüten im Eimer vergessen hatte? Nun hören Sie mal zu, das muß Ihnen doch Ihr gesunder Menschenverstand sagen, wenn ich wirklich was hätte . . . stehlen wollen. Dann doch wohl keine Mülltüten. Dann hätte ich vielleicht Kalbsleberwurst genommen oder Aal in Gelee sogar.

FRÄNKEL: Was meinen Sie, was ich hier schon erlebt habe. Was hier alles gestohlen wird. Da gibt es Leute mit Monatsgehältern von 6000 Mark und mehr, die stehlen eine Flasche Bier. Sie würden sich wundern.

ELSE: Ehrlich? Bier? Ich denke, solche Leute trinken nur Sekt.

FRÄNKEL: Sie würden staunen, was man hier alles mitmacht.

ELSE: Das ist ja unglaublich. 6000 Mark im Monat. Alfred hat im Moment 1425 Mark brutto. Und trotzdem stiehlt er nicht. Obwohl bei Bier ist die Versuchung sicher groß für ihn. Der trinkt ja so gern Bier. Der trinkt sogar Bier, wenn er gar keinen Durst hat, nur so zum Spaß.

FRÄNKEL: Darf ich jetzt weitermachen?

ELSE *setzt sich*: In Gottes Namen, wenn Ihnen soviel daran liegt. Ich will Sie ja nicht unnütz belästigen, aber das mit dem Stehlen dürfen Sie nicht wieder sagen.

Fränkel will etwas sagen, gibt es dann aber auf.
Else steht wieder auf, sucht nach draußen, sucht Frau Suhrbier.

Jetzt ist sie weg.

FRÄNKEL *faßt zusammen, was er geschrieben hat*: Sie heißen also Tetzlaff, Rufname Else, geboren am ...

ELSE: Ich weiß, wann ich geboren bin. Bei einer Dame sagt man das nicht so laut.

FRÄNKEL: Na schön ... in Elmshorn.

ELSE: Das ist in Schleswig-Holstein.

FRÄNKEL: Verheiratet ...

ELSE: Natürlich.

FRÄNKEL: Name des Ehegatten habe ich noch nicht.

ELSE: Auch Tetzlaff. Genau wie ich. Das heißt, ich wie er. Der hieß ja schon früher Tetzlaff. Vor der Eheschließung hieß ...

FRÄNKEL: Den Vornamen Ihres Mannes.

ELSE: Alfred. Mein Gatte heißt Alfred, das hatte ich Ihnen aber schon gesagt.

FRÄNKEL *schiebt ein Formular hin*: Dann unterschreiben Sie bitte hier.

Else nimmt einen Kugelschreiber, will gerade unterschreiben, da entdeckt sie die Überschrift des Formulars.

ELSE: Was soll denn das? Da steht ja Anzeige, an die Kriminalpolizei.

FRÄNKEL: Das ist die schriftliche Anzeige. Das ist in diesen Fällen üblich. Ich werde mit der Firmenleitung Rücksprache nehmen, und dann wird es sich entscheiden, ob wir die Sache auf sich beruhen lassen oder ...

ELSE: Aber wieso soll ich das unterschreiben? Wenn Sie schon unbedingt eine Anzeige machen wollen, dann müssen Sie das doch unterschreiben. Ich weiß doch gar nicht, wie man so was macht.

FRÄNKEL: Wir müssen uns ja schließlich absichern, daß Sie hinterher nicht alles ableugnen.

ELSE: Ableugnen? Was?

FRÄNKEL: ... daß Sie, wie es hier steht ... folgende Artikel entwendet haben ...

ELSE *liest*: Gebe ich hiermit zu, bei der Firma Müggenburg eine Tüte Müllbeutel im Wert von DM 1,42 entwendet zu haben. *Sie blickt hoch.* Ich soll entwendet haben? Und das soll ich noch unterschreiben? Das ist ja mein eigenes Todesurteil. Niemals unterschreibe ich so was. Sie sind ja vielleicht einer. Sie denken wohl, weil ich eine Frau bin, können Sie sich alles erlauben.

Fränkel greift zu Telefonbuch und Telefon.

FRÄNKEL: Wie sie wollen ...

ELSE *liest weiter*: ... und mit einer Haussuchung einverstanden und erkläre mich bereit, alle Waren der Firma Müggenburg, die bei dieser Gelegenheit gefunden werden, beschlagnahmen zu lassen ... also, was denken Sie eigentlich von mir. Das ist ja direkt ... ich komm mir ja vor wie eine Verbrecherin.

Fränkel hat bereits gewählt.

FRÄNKEL *ins Telefon*: Bitte die Kripo. Dezernat für Ladendiebstahl.

ELSE: Was telefonieren Sie denn da? Moment.

FRÄNKEL: Ich habe Ihnen oft genug angeboten, das Formular zu unterschreiben. Wenn Sie das verweigern ...

ELSE *fängt an zu weinen*: Nun warten Sie doch mal. Wie schrecklich. Was soll ich denn machen?

FRÄNKEL *ins Telefon*: Hier Supermarkt Müggenburg, Fränkel am Apparat. Ich ... einen Moment bitte. *Er deckt die Muschel ab.* Was ist denn?

ELSE: Ich muß mir das doch in Ruhe überlegen. Sie überfallen mich ja regelrecht . . . also wenn ich das nicht unterschreibe, dann werde ich verhaftet?

FRÄNKEL: Sie müssen dann hier warten, bis die Polizei kommt, was die macht, weiß ich nicht. Damit haben wir dann nichts mehr zu tun.

ELSE *fängt wieder an zu weinen*: Ich unterschreibe das.

FRÄNKEL *ins Telefon*: Ich melde mich später noch mal. Entschuldigung. *Er legt auf.*

ELSE: Aber Sie müssen mir versprechen, daß Alfred nichts davon erfährt . . .

FRÄNKEL: Ob Sie das verheimlichen können, weiß ich nicht. Das bleibt Ihnen überlassen.

Else packt unter Tränen ihre Sachen in die Tüte.

ELSE: Und wenn ich ins Gefängnis komme?

FRÄNKEL: Das haben Sie sich alles selbst zuzuschreiben.

Küche Tetzlaff

Rita und Michael.
Michael deckt den Tisch mit Suppentellern, schaut dabei mißtrauisch auf Rita, die am Herd Suppe kocht.
Rita schmeckt ab, schüttet ein bißchen Essig in die Suppe, schmeckt wieder ab.

MICHAEL: Meinst du, das kann man essen?

RITA: Es zwingt dich ja niemand.

MICHAEL: Es muß ja nicht jeder kochen können. Deine Mutter

wird doch jeden Augenblick nach Hause kommen.

RITA: Ich hab kochen sogar in der Schule gelernt.

MICHAEL: Wenigstens etwas.

RITA: Spar deine Aggressionen für Papa auf. Ich hab gesagt, ich hab kochen gelernt.

MICHAEL: Kochen vielleicht, aber nicht essen. Ich meine, mußtet ihr das auch immer essen, was ihr in der Schule gekocht habt?

RITA: Das mußten wir nicht essen. Das durften wir essen. *Sie schüttet Salz in die Suppe, schmeckt ab.*

MICHAEL: Jetzt hast du wieder was reingetan.

RITA: Nun halt aber endlich deine Klappe. Wenn's dir nicht paßt, kannst du immer noch zu Salvatore gehen und dir eine Pizza kaufen.

MICHAEL: Da würde sich dein Vater aber drüber freuen.

RITA: Was meinst du, wie der sich erst freut, wenn er nach Hause kommt und das Essen ist nicht auf dem Tisch. Dann gibt's aber Terror.

MICHAEL: Den gibt's sowieso. Wenn's morgen früh regnet, wird er mir auch die Schuld geben. Oder den Sozis.

RITA: Also das mußt du doch nun zugeben, seit die in Bonn an der Regierung sind, ist das Wetter tatsächlich nicht mehr so gut wie früher. Nicht mal einen richtigen Winter hat es gegeben. Und das Jahr davor auch nicht. Ich will ja nicht sagen, daß das wirklich mit den Sozis zusammenhängt, aber merkwürdig ist es schon.

Michael knallt einen Teller auf den Tisch, daß er kaputtgeht. Gleichzeitig hört man von draußen, wie die Haustür geöffnet wird.

Rita schaut Michael nur an, nicht mal vorwurfsvoll, eher mitleidig.

Michael sammelt die Scherben auf.

Da öffnet sich die Küchentür, und Else steckt ganz vorsichtig ihren Kopf in die Küche.

ELSE: Ist Alfred nicht da?
MICHAEL: Nein, der ist noch mal weggegangen.

Else kommt ins Zimmer. Sie hat beide Arme voll mit den eben gekauften Sachen. Sie läßt sich mit den Sachen im Arm auf einen Stuhl fallen.

ELSE: Was 'n Glück, daß der nicht da ist.
RITA: Ist was passiert? Du hast dich ja auf die Scherben gesetzt.
ELSE: Macht nichts.
RITA: Michael hat einen Suppenteller kaputtgemacht.
ELSE: Das ist doch nicht so schlimm.
RITA: Mit Absicht.
ELSE: Ein Suppenteller.
RITA: Bist du krank?
ELSE: Mir ist was Schreckliches zugestoßen. Wo ist denn Alfred?
RITA: Willst du nicht erst mal die Sachen aus der Hand legen?
MICHAEL: Alfred wollte noch was einkaufen.
ELSE *erschrickt*: Einkaufen? Wo denn?
RITA: Ich nehm an bei Müggenburg. Wenn er einkauft, dann doch neuerdings bei Müggenburg. Jedenfalls, seitdem er mit Rübensahm diesen Krach gehabt hat.
ELSE: Um Gottes willen! Wieso kauft er denn ein? *Sie steht endlich auf, fängt an auszupacken.*
RITA: Die von seinem Betrieb wollen doch Ostermontag einen Ausflug machen. Da kauft Papa doch immer die Getränke ein.
MICHAEL: Weil er da seine Kollegen immer um ein paar Mark bescheißen kann.
ELSE: Hat er was gesagt, daß ich nicht zu Hause war?

MICHAEL: Das hat er gar nicht gemerkt. Der ist gekommen und gleich wieder gegangen. Der hat nicht mal guten Tag gesagt.

ELSE: Das macht er sowieso selten. Polizei war nicht zufällig hier?

RITA: Polizei?

ELSE: Kann ja auch eigentlich nicht. Aber man weiß es ja nie so genau.

RITA: Nun sag doch endlich, was passiert ist.

ELSE *bricht in Schluchzen aus*: Die haben behauptet, ich hätte gestohlen.

MICHAEL: Wer?

ELSE: Ich.

MICHAEL: Ich meine, wer hat das behauptet?

ELSE: Die Leute bei Müggenburg. Ich hab doch den Mülleimer gekauft und dann die Müllbeutel dazu, und die hab ich da reingetan, und nachher an der Kasse nicht gleich daran gedacht . . .

RITA: Und da haben die gesagt, du hättest die klauen wollen?

ELSE: Klauen haben sie nicht gesagt. Entwenden.

MICHAEL: Mein Gott, was ist denn dabei. Was meinst du, was ich schon alles geklaut habe.

ELSE: Aber ich hab die doch gar nicht geklaut!

MICHAEL: Wenn schon.

ELSE: Bei dir ist das auch was anderes.

MICHAEL: Wieso?

ELSE: Du bist ja schließlich Sozialdemokrat. Und Alfred sagt, die wären nicht so streng mit dem Eigentum. Sagen die nicht sogar, Eigentum haben ist gemein?

MICHAEL: Die sagen Gemeineigentum.

ELSE: Siehst du. Und verstaatlichen wollen die das auch noch.

MICHAEL: Die wollen überhaupt nichts verstaatlichen: Im Gegenteil. Am liebsten würden die noch die ganze Regierung an einen Privatmann verkaufen.

ELSE: Jedenfalls ist es den Sozialdemokraten egal, wem was gehört. Aber was meinst du, was passiert, wenn Alfred erfährt, daß ich jetzt auch was gestohlen haben soll?

RITA: Wir sagen ihm schon nichts.

MICHAEL: Da brauchst du keine Angst zu haben. Mir hat er neulich erst erzählt, was der früher alles hat mitgehen lassen.

ELSE: Alfred?

MICHAEL: Jungens klauen immer. Alle Jungens. Da hat Alfred keine Ausnahme gemacht.

Die Haustür wird geöffnet. Alfred kommt.

RITA: Ich würde es ihm trotzdem nicht sagen.

ELSE: Auf keinen Fall. Wenn der das erfährt. Aber die wollen heute noch Haussuchung machen.

MICHAEL: Hier? Die von der Firma?

ELSE: Pscht . . .

Alfred kommt in die Küche. Auch er hat zwei Tüten voll mit Waren. Aber alles Flaschen, ein paar Bierwürste, Nüsse und ähnliches. Er stellt alles in die Ecke.
Else geht sofort an den Herd.

ALFRED: Wieso steht das Essen nicht auf dem Tisch?

MICHAEL: Guten Tag.

ALFRED: Wir haben uns ja schon begrüßt. Oder glaubst du, jedesmal, wenn ich dich seh, sag ich guten Tag? Du spinnst wohl.

ELSE: Wir haben gewartet, weil du ja plötzlich wieder weggegangen bist.

ALFRED: Das ist doch kein Grund. *Er setzt sich an den Tisch, bindet sich seine Serviette um.*

ELSE *zögernd*: Sag mal, stimmt das, daß du manchmal was jemandem wegnimmst?

ALFRED: Was?

ELSE: Daß du hin und wieder stiehlst, mein ich. Michael hat . . .

ALFRED: Ich soll was getan haben? Wer hat das behauptet?

ELSE: Michael hat gerade gesagt, du hättest es ihm selbst erzählt, daß du schon gestohlen hast.

ALFRED *zu Michael*: Ich? Wer ist hier der Sozi? Du oder ich? Ihr habt doch extra eine Partei gegründet, bloß um den anderen Leuten das Geld wegzunehmen.

MICHAEL: Nun reg dich nicht unnötig auf. Man könnte ja fast meinen, du hättest wirklich gerade was geklaut. Vielleicht diesen schönen Hut? Aber mit dem bist du, glaube ich, schon auf die Welt gekommen. Oder die Flaschen da? *Er deutet auf die Tüten, die Alfred mitgebracht hat.*

ALFRED: Die habe ich gekauft. Bei Müggenburg.

MICHAEL: Ich habe nur erzählt, daß du früher sogar mal eine ganze Kuh geklaut hast.

ALFRED: Aber doch früher.

ELSE: Eine ganze Kuh?

ALFRED: Wenn man eine Kuh klaut und kann nachweisen, daß man Hunger gehabt hat, dann ist das Mundraub. Dann passiert einem auch nichts.

RITA: Wenn man wirklich Hunger hat, dann ist ja nun eine ganze Kuh doch ein bißchen viel. Wenn man ein kleines Stückchen klaut, dann ist das vielleicht noch Mundraub. Aber doch nicht gleich die ganze Kuh.

ALFRED: Misch du dich da nicht ein. Erstens laufen Kühe nicht in kleinen Stücken rum. Zweitens hab ich die Kuh nicht für mich allein geklaut, sondern für meine Kameraden mit. Und das war auch kein Klauen damals. Das war ganz was anderes und hieß requirieren.

Else: Wenn du jemand seine Kuh wegnimmst, dann ist das doch egal, wie du das nun nennst.

Alfred: Nicht nur eine Kuh, sondern auch mal ein Pferd oder ein Fahrrad, oder ein paar Flaschen Cognac. Je nachdem. Aber eben nur lebenswichtige Sachen.

Else: Und die hast du alle geklaut?

Alfred: Eben nicht. Ich hab sie requiriert.

Else: Und warum hast du damit aufgehört mit diesem . . . na, du weißt schon?

Alfred: Weil sich die Zeiten geändert haben.

Michael: Damals war das Klauen direkt Pflicht, oder wie?

Alfred: Schon weil es nicht für einen allein war, sondern für alle. Da war ich auch nicht einfach Herr Tetzlaff, sondern Soldat Tetzlaff. Und das war damals so üblich. Und hieß Kameradschaft. Und ich wollte, das wäre heute auch noch so.

Else: Daß man irgendwem was wegnimmt?

Alfred: Daß man nicht immer nur an sich denkt. Für mich allein hab ich nie was geklaut . . . requiriert.

Else: Also, wenn ich gewußt hätte, daß du stiehlst, dann hätte ich dich bestimmt nicht geheiratet.

Alfred: Wenn ich gewußt hätte, daß du mich dann nicht geheiratet hättest, hätte ich dir bestimmt was erzählt. Da wäre mir allerhand erspart geblieben.

Rita: Du hast noch gar nicht gesagt, wie dir die Suppe schmeckt.

Alfred: Wie soll sie schmecken, wie immer.

Rita: Ich wollte es nur wissen.

Alfred: Ist was los mit der Suppe?

Rita: Nichts. Nur, daß ich sie heute gekocht habe.

Alfred *nimmt einen Löffel*: Jetzt merk ich das. Da stimmt wirklich was nicht mit der Suppe.

Rita: Auf einmal. Du gönnst einem auch überhaupt nichts.

ALFRED: Du mußt doch selbst zugeben, daß man die Erbsen kaum schmeckt.

RITA: Kann man auch nicht. Das ist Linsensuppe.

ALFRED: Auch das noch.

RITA: Du bist echt ein Widerling.

ELSE: Das würde ja noch gehen. Aber daß mein eigener Mann ein Dieb war.

ALFRED: Ich war kein Dieb. Ich war Obergefreiter.

ELSE: Diebstahl bleibt Diebstahl. Egal, welchen Rang man dabei bekleidet. Da ist es eher noch schlimmer, als wenn du das als leitender Soldat gemacht hast und nicht einfach als Untergebener. Vor allem, wenn man das mit Absicht macht und nicht so aus Versehen mal.

ALFRED: Mit Absicht macht man das sowieso. Das ist nun wirklich Quatsch. Worauf es ankommt, ist ganz was anderes. Nämlich wo man das macht. Denn das hab ich alles ja gar nicht in Deutschland gemacht. Sondern in Polen oder Rußland, oder in Italien. Wo man eben gerade so war.

ELSE: Warst du nicht auch in Paris?

ALFRED: Auch in Paris. Allerdings.

MICHAEL: Und was hast du da geklaut?

ALFRED: Hör endlich auf, das immer klauen zu nennen. Da hab ich organisiert. Parfum und Cognac. Was anderes haben die ja nicht gehabt.

RITA: Wenn der Cognac gut war.

ALFRED: Der war gut.

ELSE: Aber du hast es denen doch weggenommen.

ALFRED: Kapierst du das denn überhaupt nicht, du dusselige Kuh? Das habe ich niemandem weggenommen. Die Länder waren doch damals alle von uns besetzt. Wenn man sich da was requiriert hat, dann waren das Sachen, die einem sowieso schon gehört haben.

MICHAEL: Ach so. Da haben die Sachen einfach so rumgelegen und jeder konnte sich nehmen, was er wollte?

ALFRED: Du tust ja gerade so, als ob ich beispielsweise einer Dame in Paris ihren Pelzmantel auf der Straße vom Leib gerissen hätte.

ELSE: Das hast du aber nicht gemacht.

ALFRED: Natürlich nicht. Was soll ich denn mit einem Pelzmantel? Wie gesagt: in Paris nur Cognac und Parfum.

ELSE: Und was hast du damit gemacht?

ALFRED: Was schon? Getrunken natürlich.

ELSE: Parfum? Getrunken?

ALFRED: Das Parfum nicht.

ELSE: Eben, was du mit dem Parfum gemacht hast, hab ich gefragt. Sag bloß, du hast dich früher parfümiert, auch noch französisch.

ALFRED: Das hab ich getauscht.

ELSE: Das konnte man? Sachen, die man gestohlen hatte, konnte man umtauschen?

ALFRED: Tauschen hab ich gesagt. Das heißt, ich hab beispielsweise einem verheirateten Kameraden eine Flasche Parfum gegeben und der hat mir dann irgendwas anderes dafür gegeben.

ELSE: Und was?

ALFRED: Meistens Cognac.

MICHAEL: Und was hast du in Rußland requiriert?

ALFRED: Was gibt's schon groß. Mal einen Sack Zucker, vielleicht mal Pflaumenmus, Butter, Eier oder ein, zwei Hühner.

MICHAEL: Und die Kuh.

ALFRED: Und die Kuh, ja.

ELSE: Und wem hat die Kuh gehört?

ALFRED: Das stand nicht dran. Meinst du, in so einer Zeit fragt man lange in der Gegend rum, wem gehört diese Kuh hier?

Und selbst wenn ich gefragt hätte. Die sind doch so ungebildet in Rußland, daß sie noch nicht mal deutsch sprechen.

ELSE: Du hast die Kuh also einem Bauern weggenommen.

ALFRED: Du bist vielleicht dämlich. Das ist doch gerade der Witz bei dem russischen System. Der Bauer hat die Kuh ja nur verwaltet. Da gehört keinem was. Da gehört alles dem Staat. Und wenn keinem was gehört, muß man sich auch nicht wundern, wenn einem die Sachen weggenommen werden.

ELSE: Also trotzdem. Ich weiß gar nicht, was ich dazu sagen soll. Mein eigener Gatte hat jahrelang gestohlen, und ich mach mir Sorgen, wenn ... *Sie erschrickt plötzlich, weil sie sich fast verraten hätte. Hört auf zu reden.*

ALFRED: Wenn?

ELSE *arglos*: Was wenn?

ALFRED: Du wolltest doch eben was sagen.

ELSE: Ich?

ALFRED: Ich mach mir Sorgen, wenn ...

ELSE: Du machst dir Sorgen, wenn?

ALFRED: Das hast du eben gesagt. Ich wollte wissen, wie der Satz weitergeht.

ELSE: Da mußt du dich verhört haben.

ALFRED *wütend*: Ich hab mich verhört! Hier ist ja wieder was los heute. Da kann ich nur eins sagen, wenn das so weitergeht: Fröhliche Ostern.

MICHAEL: Von mir aus brauchen wir kein Wort mehr über dieses Thema zu verlieren.

ALFRED: Von mir aus auch nicht.

RITA: Über Diebstahl wird in diesem Haus nicht mehr gesprochen.

ALFRED: Hab ich etwa damit angefangen?

MICHAEL: Aber wir wollen auch festhalten, daß du keinen Grund hast, dich darüber aufzuregen, wenn heute mal irgend jemand eine Kleinigkeit mitgehen läßt. Wenn eine Hausfrau aus Versehen mal einen Apfel einsteckt . . .

ALFRED: Das kommt darauf an, wo ich was einstecke. Wenn ich so einen Apfel in einer Kolchose vom Baum pflücke, obendrein noch im Krieg, vielleicht unter Beschuß. Oder ob ich das in einem anständigen deutschen Geschäft wegnehme. Oder ich nehm da aus einem russischen Hühnerstall ein Ei. Meinst du, so ein russisches Huhn kümmert sich noch darum, was aus seinen Eiern wird? Seit der Oktoberrevolution ist das denen doch egal.

ELSE: Die Eier. Die hätte ich bei der Aufregung ja fast vergessen.

Else steht auf, nimmt ein paar Pakete Eier aus der Einkaufstüte und bereitet alles vor, sie einzufärben. Wasser aufsetzen, Tüten mit Farben usw.

ALFRED: Was für Eier?

ELSE: Hast du vergessen, daß morgen Ostern ist?

ALFRED: Sag bloß, du willst wieder Eier verstecken.

ELSE: Natürlich. Das machen wir doch jede Ostern.

ALFRED: Also meine Eier verstecke ich selbst. Dann weiß ich jedenfalls, wo sie sind. Ich habe keine Lust, morgen bloß wegen dem Frühstück 'ne Hausdurchsuchung zu veranstalten.

ELSE *erschrickt*: Hausdurchsuchung. Mein Gott . . . wenn die Leute so Häuser durchsuchen, dürfen die das eigentlich auch nach Feierabend?

ALFRED: Was für Hausdurchsuchungen? Spinnst du? Ich hab gesagt, ich hab keine Lust, den Ostersonntag damit zu verbringen, hier im Haus auf allen vieren rumzukriechen, um ein paar hartgekochte Eier zu suchen.

Es klingelt an der Tür.
Else erschrickt schon wieder, diesmal noch mehr als vorher. Sie muß sich an der Stuhllehne festhalten und kann auch mit einer Hand ans Herz greifen.

RITA *besorgt zu Else*: Was ist denn?
ALFRED: Es hat geklingelt. Soll ich etwa an die Tür gehen?
MICHAEL: Ich geh schon.
ELSE: Nein, ich.
RITA: Setz dich lieber hin. Du bist ja ganz bleich geworden.
ALFRED *höhnisch*: Weil's geklingelt hat.

Rita will gehen, Michael will gehen. Else drängt an allen vorbei.

ELSE: Ich geh.

Else ab.
Michael und Rita schauen sich einen Moment an.

ALFRED: Jetzt ist die dumme Kuh total übergeschnappt. Oder stimmt hier was nicht? Kriegen wir etwa Besuch?
RITA: Ich erwarte niemanden.
MICHAEL: Ich auch nicht.
ALFRED: Ich ganz sicher nicht.

Else kommt zurück. Erleichtert.

ELSE: Frau Suhrbier. Ob wir ihr ein paar Eier leihen können. Sie hat Besuch gekriegt. *Sie geht an die Eier.*
ALFRED: Wahrscheinlich der Osterhase.
ELSE: Nein. Sie hat jedenfalls gesagt, es wäre ihr Neffe.
RITA: Warum hast du Frau Suhrbier denn draußen stehen gelassen?

ELSE: Sie wollte nicht mit rein. Wegen ihm.

ALFRED: Wenn die einen Schritt in mein Haus setzt, dann verklag ich die wegen Landfriedensbruch.

Else geht mit drei Eiern nach draußen.

Morgen ist Ostern, und diese Person hat nicht mal Eier im Haus. Aber einen Neffen. Das wird ein schöner Neffe sein. Kommt Ostern zu Besuch und hat nicht mal Eier mit.

Alfred steht auf. An der Tür bleibt er stehen, schaut nach draußen. Er will Frau Suhrbier nicht sehen.
Else kommt.

ELSE: Was ist denn?

ALFRED: Ich will baden. Oder ist heute nicht Sonnabend?

ELSE: Ach Gott, ich hab ganz vergessen, den Ofen anzumachen.

ALFRED: Was hast du eigentlich im Kopf?

ELSE: In einer halben Stunde spätestens ist das Wasser ja heiß.

ALFRED: Ich wollte jetzt baden. Wenn man zu lange nach dem Essen badet, dann ist der Blutdruck zu hoch.

ELSE: Aber das Essen ist ja noch nicht zu Ende. Es gibt ja noch Nachtisch.

ALFRED: Und was?

ELSE: Schokoladenpudding.

ALFRED: Eß ich nicht.

ELSE: Mit Vanillesauce.

ALFRED: Ich eß überhaupt keinen Schokoladenpudding. Das solltest du allmählich wissen. Hol mir mal die Nagelschere.

Else räumt Teller ab, Rita hilft und stellt gleich danach Teller für Schokoladenpudding auf den Tisch.

ELSE: Die ist im Badezimmer.

ALFRED: Das weiß ich selbst.

ELSE *hat einen Teller in der Hand und zögert, ob sie Alfred nicht doch einen Teller hinstellen soll*: Willst du wirklich keinen Pudding?

ALFRED: Ich will die Nagelschere.

ELSE: Muß das sofort sein? Können wir nicht erst mal zu Ende essen?

ALFRED: Du mußt doch sowieso ins Badezimmer, um den Ofen anzumachen. Dann kannst du sie mitbringen. Ist das zuviel verlangt?

RITA: Ich geh schon. *Sie geht ab.*

ALFRED: Um jeden Scheißdreck muß man hier betteln.

MICHAEL: Kein Mensch zwingt dich. Du brauchst nur mal selbst aufzustehen, wenn du was willst.

ALFRED: Soweit kommt es noch. Als Hausherr.

Rita kommt mit der Schere, legt sie Alfred stumm auf den Tisch.

ALFRED *zu Rita*: Bitte!

RITA: Danke.

Else setzt Wasser auf für Kaffee.

ELSE: Aber Kaffee trinkst du doch mit?

ALFRED: Schenk ein.

ELSE: Ich hab ja grad erst das Wasser aufgesetzt.

ALFRED: Dann frag mich doch jetzt nicht. Woher soll ich wissen, ob ich in einer halben Stunde noch Appetit auf Kaffee hab oder nicht?

Alfred fängt an, seine Schuhe und Strümpfe auszuziehen. Die anderen beginnen mit ihrem Pudding.

Ich geb meine Entscheidung dann noch rechtzeitig bekannt.

MICHAEL: Du redest wie der alte Cartwright.

ALFRED: Irgendeiner muß ja wohl für Ordnung sorgen. So 'n Anarchist wie du, der kann sich natürlich nur in einem Chaos wohl fühlen.

RITA: Aber du mußt ja nicht hier zu Hause nun so einen Ton anschlagen, als ob wir alle deine Untertanen wären.

MICHAEL: In seinem Betrieb darf er ja nicht. Da traut er sich ja nicht mal während der Arbeitszeit aufs Klo.

ALFRED: Einer, der seine Pflichten kennt, der muß gar nicht erst während der Arbeitszeit. Der macht in den Pausen. Dazu sind sie ja da.

Alfred fängt an, seine Nägel zu schneiden.

ELSE: Was machst du denn da?

ALFRED: Bist du blind?

ELSE *kriegt einen Fußnagel ins Gesicht*: Au . . . das ist doch Schweinkram.

ALFRED: Du hast immer was zu meckern. Wenn ich sie nicht schneide, regst du dich auf, daß die Socken kaputtgehen. Schneide ich sie, meckerst du auch.

ELSE: Aber doch nicht beim Essen.

ALFRED: Du brauchst ja nicht ausgerechnet dann zu essen, wenn ich mir meine Nägel schneide. Ich hab schon gegessen.

MICHAEL *zu Else*: Daß du dich noch immer überraschen läßt. Du mußt dich doch allmählich daran gewöhnt haben, wie er sich hier benimmt. Irgendwo muß er sich ja abreagieren.

ALFRED: Abreagieren? Wovon?

MICHAEL: Wahrscheinlich von deiner Arbeit. Wenn man sich da den ganzen Tag lang unterordnen muß und hat keinen, den man selbst tyrannisieren kann, dann muß man das natürlich irgendwo loswerden.

ALFRED: Erstens hab ich zwei Leute unter mir, und zweitens stehe ich meinen Mann an dem Platz, der mir zugewiesen ist, und mit Unterordnung hat das gar nichts zu tun. Ich kenn eure Absichten. *Zu Else:* Weißt du, was die Sozis gerade machen: ein Gesetz. Wenn das durch ist, dann schreiben die Arbeiter dem Chef vor, was er zu tun und zu lassen hat.

ELSE: Herrn Konsul Blumhagen?

ALFRED: Nicht nur Konsul Blumhagen. Nicht nur in unserem Betrieb. Überall wollen die diese Mitbestimmung jetzt machen.

Rita kriegt einen Fußnagel auf den Löffel, den sie gerade in den Mund führen will.

RITA *zeigt Alfred den Löffel*: Guck dir das mal an!

ALFRED: Was ist damit?

RITA: Ein Fußnagel. Genau auf meinen Löffel.

ALFRED: Na und? Hab ich den Löffel dahin gehalten oder du?

RITA: Soll ich den etwa essen?

ALFRED: Wenn's dir schmeckt. Wenn's dir nicht schmeckt, nimm ihn runter.

Rita schiebt den Pudding zur Seite.

RITA: Mir ist der Appetit vergangen.

ALFRED: Ich hab gleich gesagt, keinen Schokoladenpudding. Aber wenn man sich über meine Wünsche hinwegsetzt.

ELSE: Wenn du schon unbedingt deine Fußnägel schneiden

mußt, während wir essen, dann hättest du das ja mindestens tun können, nachdem du gebadet hast.

ALFRED: Über solche Kleinigkeiten könnt ihr euch aufregen. Aber daß da bald unsere ganze Wirtschaft vor die Hunde geht, da grinst ihr nur blöd.

MICHAEL: Wieso soll die denn wegen der Mitbestimmung vor die Hunde gehen?

ALFRED: Muß sie ja. Zwangsläufig. Oder glaubst du, da kommt noch ein Arbeiter morgens um sechs, wie es sich für einen Arbeiter gehört?

MICHAEL: Der kommt dann viel später. Vielleicht erst um zehn.

ALFRED: Wie 'n Direktor. Und wenn du denkst, dann fängt er an zu arbeiten, der geht doch erst mal ins Chefzimmer und liest die Post durch. Und dann fängt er immer noch nicht an, sondern liest erst mal den «Rheinischen Merkur». Womöglich nimmt er den noch mit aufs Klo. Aber nicht auf sein Klo, sondern aufs Klo vom Direktor.

ELSE: Auf das Klo von Konsul Blumhagen?

ALFRED: Nicht nur von meinem Chef. Auf allen Direktionsklos sitzen dann Arbeiter, weil die Sozis ja überall Mitbestimmung haben wollen.

MICHAEL: Das dürfte aber ein schönes Gedrängel geben. Da müßte man wahrscheinlich noch ein paar Direktionsklos zusätzlich bauen.

ALFRED: Nicht wahrscheinlich, sondern bestimmt. Und da kannst du sehen, welche Folgen die Mitbestimmung hat.

RITA: Für die Verdauung.

ALFRED: Halt du doch bitte die Klappe, wenn erwachsene Männer über Probleme der Sozialpolitik diskutieren.

RITA: Das konnte ich ja nicht ahnen.

ALFRED *ignoriert Rita*: Wie viele Direktoren gibt's wohl hier in der Gegend?

MICHAEL: In unserer Gegend? Da kannst du lange suchen. Wo soll hier wohl ein Direktor wohnen?

ALFRED: Im Ruhrgebiet mein ich natürlich, du Arschloch. Wie viele, denen ein eigenes Klo zusteht?

MICHAEL: Ein paar Hundert bestimmt, wahrscheinlich . . .

ALFRED: Tausend. Von mir aus. Da gibt's also tausend Direktionsklos. Jetzt kommt die Mitbestimmung, und jeder Arbeiter kriegt sein eigenes Klo. Stell dir das mal vor. Dann kannst du das ganze Ruhrgebiet in eine Bedürfnisanstalt umbauen.

MICHAEL: Bei der Mitbestimmung geht es doch nur darum, daß Unternehmerentscheidungen kontrolliert werden.

ALFRED: Na und? Dann kann jeder bekloppte Autoschlosser zu Herrn Leiding gehen und sagen, wie das neue VW-Modell aussehen soll. Und dann brauchst du dir nur noch zu überlegen, wie viele Türken da arbeiten, alle mit mindestens acht Kindern, dann kannst du dir vorstellen, wie das neue Modell aussieht. Wie 'n Omnibus. Und das ist alles nur mal so angetippt.

ELSE: Also ich hab kein Wort verstanden. Und ich hab genau zugehört.

RITA: Papi meint folgendes: Konsul Blumhagen hat acht türkische Kinder, und die Sozis wollen jetzt ein Gesetz machen, daß die alle auf sein Klo dürfen.

ELSE: Und wo gehen die im Moment hin, wenn sie mal müssen?

ALFRED: Schluß jetzt mit diesem Weibergequatsche! Das blüht uns nämlich auch noch, daß die Weiber dann auch mitbestimmen dürfen. Aber dann bricht sowieso alles zusammen. Stell dir das doch bloß mal vor. Der Direktor von deiner mißratenen Frau da . . .

RITA: Ich hab den noch nie zu Gesicht gekriegt.

ALFRED: Eben. Deswegen läuft ja sein Kaufhaus auch so gut,

weil er sich mit so Kroppzeug wie dir gar nicht erst abgeben muß. Der sitzt in der Chefetage und trifft seine unternehmerischen Entscheidungen.

MICHAEL: Und basta.

ALFRED: Wo soll denn das hinführen, wenn sich jeder Prolet in die Räder unserer Wirtschaft werfen darf. Das sind ausgesuchte und geschulte Führungskräfte. Denen kann man doch nicht zumuten, sich plötzlich mit einem einfachen Arbeiter an einen Tisch zu setzen.

MICHAEL: Du willst doch nicht ernsthaft mit mir über innerbetriebliche Mitbestimmung diskutieren?

ALFRED *resigniert*: Hat wohl keinen Zweck. Nee.

MICHAEL: Eben.

ALFRED: Jemand, der so was verteidigt, der muß ja total besengt sein.

MICHAEL: Daß deiner Ansicht nach jeder bekloppt ist, der dafür sorgt, daß es uns allen ein bißchen besser geht, brauchst du nicht extra zu betonen. Das ist allgemein bekannt.

ALFRED: Besser gehen. Wenn deine Haare so lang wären wie du dumm bist, dann könntest du sie dir in die Strümpfe stopfen. Kannst du sowieso bald.

RITA: Nun fang doch nicht wieder mit seiner Frisur an.

ALFRED: Ich darf wohl noch darauf hinweisen, daß mich das anekelt.

ELSE: Das hast du ja nun auch schon oft genug gesagt.

ALFRED: Aber daß es allen besser geht, wenn bekloppte Arbeiter eines Tages hier . . .

Es klingelt an der Haustür.
Else springt erschrocken hoch, rennt zur Tür.
Rita schaut ihr besorgt nach.

. . . bestimmen dürfen, wie unsere Volkswirtschaft gesteuert wird, das glaubt ja sowieso keiner. Wenn sie das könnten, wären sie ja keine Arbeiter. Dann wären sie ja selbst Unternehmer geworden.

MICHAEL: Wo lebst du eigentlich?

RITA: Kann es nicht wirklich ein paar Dinge geben, die die . . .
Sie unterbricht, weil sie nach draußen horcht.

ALFRED: Was ist denn hier heute los? Alle zwei Minuten klingelt jemand an der Tür.

Alfred will aufstehen und nachsehen, was los ist. Rita will ihn schnell ablenken.

RITA: Als ob das nicht wirklich gerade in einem großen Betrieb sein kann, daß die vom Verkauf die Sachen besser beurteilen können als der Chef?

ALFRED *geht wieder an seinen Platz*: Natürlich gibt's so was. Vor allem wissen die Arbeiter besser, wie man eine ruhige Kugel schieben kann. Konsul Blumhagen beispielsweise arbeitet so viel, daß er nach Ostern sofort Urlaub machen muß.

RITA: War der nicht erst neulich in Urlaub? Zum Skilaufen in St. Moritz?

ALFRED: Das braucht er auch. Wenn sich einer so abrackert für seine Leute, dann braucht er eben immer mal wieder eine Rekonvaleszenz – oder wie das heißt.

MICHAEL: War schon richtig. Fast jedenfalls.

Else kommt zurück. Sie lächelt. Sie ist beruhigt. Else geht an den Tisch und nimmt ein paar Eierfarben.

ELSE: Frau Suhrbier. Die Farbe hat nicht gereicht.

ALFRED: Na bitte. Woher kommt das? Weil sie keinen Chef hat.

ELSE: Was für 'n Chef?

MICHAEL: So einen wie du einen hast.

RITA: Also ich weiß jedenfalls besser, welche Lippenstifte gehen werden und welche nicht. Wenn wir ein neues Sortiment kriegen, dann kann ich gleich sagen, die werden verkauft, und die bleiben liegen.

ALFRED: Du weißt alles besser als dein Chef. Jeder weiß alles besser. Vor allem wissen alle besser, wie man eine Firma bescheißen kann. Wie man Krankheiten simuliert. Wie man auf Nachtschicht pennt, ohne daß der Meister was merkt. Das wissen Arbeiter besser.

RITA: Ich weiß das wirklich besser. Bei Lippenstiften kenn ich mich wirklich besser aus, bei Nagellack, bei . . .

ALFRED: Und? Da hört's schon auf. Eben. Weil du eben nicht den Überblick hast übers Ganze.

Else geht nach draußen.

Und das verlangt auch keiner von dir. Außer den Sozis. Nur die Sozis verlangen, daß jeder den Überblick hat. Das macht die Leute doch ganz meschugge, wenn sie alles selbst kapieren sollen. Deshalb verlieren die ja auch eine Wahl nach der anderen, weil sie den Leuten zuviel beigebracht haben.

Es klingelt, während Else draußen ist.
Alfred stürzt zur Tür.

Jetzt hab ich aber die Schnauze voll. *Er bleibt an der Tür stehen, fast erschrocken.* Schon wieder die Suhrbier.

RITA: Und weshalb hab ich den Überblick nicht?

ALFRED: Weil so ein Unternehmer das eben von Kind an gelernt hat. Und du nicht. Ein Arbeiter kann vielleicht einen Schraubenzieher . . .

Else kommt zurück, alle schauen sie an, aber sie setzt sich ruhig an ihren Platz.
Alfred spricht gleich weiter.

... einen Schraubenzieher richtig rumdrehen, aber dann ist doch schon Mattheus am Schluß. Stell dir bloß mal vor, der soll Bilanz lesen. Der weiß doch nicht mal, ob Bilanz mit sz oder Doppel-S geschrieben wird.

MICHAEL: Und wie schreibt man das wirklich?

ALFRED: Wenn du deinen Schwiegervater aufs Kreuz legen willst, mußt du schon früher aufstehen. Mit Doppel-S natürlich. Es heißt ja nicht Bilangs, sondern Bilanss. Aber das ist ja auch nicht der casus belli. In Wirklichkeit geht's den Sozis ja um ganz was anderes. Mitbestimmen ist ja nur 'ne Ausrede. In Wirklichkeit soll nur das Eigentum komplett abgeschafft werden. Das heißt jeder kann sich nehmen, was er braucht. Das heißt: Diebstahl wird legal.

ELSE *hoffnungsvoll*: Ach? Und dann wollen einen die Sozis nicht mehr bestrafen, wenn man aus Versehen was in den Mülleimer getan hat?

Alfred schaut Else einen Moment lang verständnislos an. Dann steht er auf. Er geht auf die Tür zu. Bleibt noch mal stehen.

ALFRED: Wozu hörst du eigentlich zu, wenn sich Erwachsene miteinander unterhalten?

ELSE: Wieso? Was hab ich denn getan?

ALFRED *laut*: Wir reden von gesetzlich gefördertem Diebstahl, und du fängst an, von einem Mülleimer zu quatschen. Ich geh baden.

Alfred geht aus dem Zimmer.
Nach einem Moment.

RITA: Da hättest du dich aber fast verplappert.
MICHAEL: Wenn der nicht doof wäre, hätte er auch so was gemerkt.

Flur Tetzlaff

Alfred hat sich eine Zeitung aus dem Wohnzimmer geholt und geht nun, noch immer barfuß, aufs Bad zu.
Es klingelt.
Alfred scheint zu überlegen, ob er an die Tür gehen soll oder nicht.

Küche

Else schaut Rita und Michael an. Else erstarrt, unfähig aufzustehen.

RITA: Das ist doch bestimmt wieder Frau Suhrbier.
ELSE: Diesmal nicht.
MICHAEL *steht auf*: Dann laß mich das mal machen. Alfred bleibt ja mindestens eine halbe Stunde in der Badewanne. Bis dahin . . .

Michael ist bereits an der Tür, öffnet sie, will raus, bleibt stehen. Er blickt Else an, und sein Blick deutet an, was passiert ist.

Flur

Alfred hat die Tür geöffnet. Fränkel ist da.

ALFRED: Wenn es so wichtig ist, dann können Sie das nur mit mir besprechen. Ob Sie mit meiner Frau sprechen oder mit einem Känguruh im Zoo, das kommt aufs gleiche raus.

FRÄNKEL: Dann sind Sie also informiert? Ich dachte ...

ALFRED: Wieso informiert?

FRÄNKEL: Ihre Frau hat heute nachmittag bei uns eingekauft.

ALFRED: Nein, das haben Sie verwechselt. Das war ich. Früher hab ich bei Rübensahm eingekauft. Aber wie der jetzt die Preise hochgesetzt hat – da kauf ich schon lieber bei Ihnen.

FRÄNKEL: Ist Ihre Frau Anfang Vierzig? Etwas größer als Sie ...

ALFRED *hält Daumen und Zeigefinger etwa fünf Zentimeter auseinander*: Höchstens so viel ...

FRÄNKEL: Blond, schlank, ganz attraktiv ...

ALFRED: Nein. Das kann sie nicht sein.

FRÄNKEL *schaut in seinen Papieren nach*: Heißt sie Else?

ALFRED: Nur mit Vornamen. Sonst Tetzlaff.

FRÄNKEL: Dann wird es auch die Dame sein, die ich sprechen möchte.

ALFRED: Dame ist sie auch nicht.

FRÄNKEL: Oder ist sie nicht zu Hause?

ALFRED: Natürlich ist sie zu Hause. Wo soll sie denn sonst sein? Else! Else! *Er ruft.*

Else kommt.

Mein Gott, wie lange dauert das denn ...

ELSE *zögernd*: Guten Tag, Herr Müggenburg.

ALFRED: Der Mann heißt nicht Müggenburg. Der ist von der

Firma Müggenburg. Mein lieber Mann. Du sagst ja auch nicht zu jedem Verkäufer im Kaufhof guten Tag Herr Karstadt. *Zu Fränkel:* Und mit der wollen Sie sich über was Wichtiges unterhalten? *Zu Else:* Er will sich mit dir unterhalten.

ELSE: Ich weiß.

ALFRED: Worüber?

ELSE *zu Fränkel*: Haben Sie ihm was gesagt?

FRÄNKEL: Nein.

ALFRED: Was ist denn hier los, verdammt noch mal?

ELSE: Kommen Sie doch mit in die Küche ... *Zu Alfred:* Du wolltest doch baden. *Zu Fränkel:* Dann können Sie sich in Ruhe alles ansehen.

ALFRED: Was soll er sich in Ruhe ansehen?

Else geht auf die Küche zu.
Fränkel folgt ihr.
Alfred bleibt einen Moment stehen. Dann folgt er auch.

Küche

ELSE *stellt vor*: Das ist meine Tochter Rita ... sie weiß Bescheid, und das ...

ALFRED *kommt*: Das ist mein Schwiegersohn. Ein Anarchist. Der hat was gegen Unternehmer. Ganz besonders gegen Konzerne. Auf den müssen Sie aufpassen. Wenn der zu Ihnen in den Laden kommt, dann wird's gefährlich. Der klaut schon aus ideologischen Gründen. Nicht nur so zum Spaß.

MICHAEL: Wer klaut?

FRÄNKEL *nimmt das noch als Spaß*: Wir kennen unsere Pappenheimer einigermaßen.

Alfred: Am besten machen Sie da jedesmal 'ne Leibesvisitation, bevor er aus dem Laden geht.

Else: Setzen Sie sich doch hin. Vielleicht eine Tasse Kaffee?

Fränkel: Ich will mich nicht lange aufhalten. Ich habe mit der Geschäftsleitung gesprochen, und wir haben uns entschlossen, diesmal davon auszugehen, daß es tatsächlich ein Versehen Ihrerseits war. Ich wollte Ihnen das nur mitteilen und der Vorfall ...

Alfred: Darf ich mal erfahren, was hier los ist?

Rita: Geh doch endlich in die Badewanne!

Alfred: Hier ist was los, und ich will wissen, was los ist.

Rita: Herrgott noch mal. Else hat heute nachmittag bei Müggenburg eingekauft, und dabei ein paar ...

Else *erschrocken*: Rita!

Rita: Du hast doch gehört, der Fall ist erledigt. Und wenn man bedenkt, was er – *deutet auf Alfred* – in seinem Leben alles geklaut hat, dann sind doch so 'n paar Müllsäcke ...

Alfred: Wer hat geklaut?

Michael: Du hast doch vorhin selbst erzählt, was du alles geklaut hast. Zucker, Eier, Butter, Pelzmäntel, Hühner, sogar eine Kuh ...

Alfred: Ich habe keine Pelzmäntel geklaut.

Fränkel, der die letzten Sätze immer mißtrauischer verfolgt hat, schaut sich nun doch interessierter in der Küche um. Er sieht auch die Einkaufstüte, die Alfred mitgebracht hat.

Außerdem liegt das nun Jahre zurück. Und das war auch kein Klauen, das war ...

Fränkel *deutet auf die Tüten, zu Alfred*: Sind da die Sachen drin, die Sie heute gekauft haben?

Alfred: Gekauft. Allerdings. Bezahlt.

Fränkel *geht auf die Tüten zu*: Darf ich mal?

Fränkel nimmt eine Tüte, stellt sie auf den Tisch. Er packt aus. Es sind außer einem Stück Schinken nur Flaschen in der Tüte. Wein und Whisky. Er schaut sich die Flaschen zunächst nur flüchtig an.

Alfred: Da brauchen Sie gar nicht so dämlich zu gucken. Die sind bezahlt. *Zu Michael:* Das ist vielleicht 'ne Type. *Zu Else:* Du hast ja komische Freunde.

Fränkel: Diese Flaschen haben Sie heute nachmittag bei uns gekauft?

Alfred: Allerdings. Der Kassenzettel liegt ja noch dabei. *Zu Michael:* Der tut so, als wäre ich Kleptomane.

Fränkel hat den Kassenzettel gefunden. Er zählt nun die Flaschen und zählt die Posten auf dem Kassenzettel ab.

Michael: Was suchen Sie eigentlich? Man kann alles auch übertreiben.

Fränkel: Würden Sie an meiner Stelle nicht auch mißtrauisch sein? Erst das heute mittag mit Ihrer Schwiegermutter. Dann warnt mich Ihr Schwiegervater vor Ihnen, Sie beschuldigen wiederum Ihren Schwiegervater . . .

Michael: Habe ich bei Ihnen etwas gestohlen?

Alfred: Du bist ja auch auf Hertie spezialisiert.

Rita: Ich finde, wir sollten jetzt damit aufhören. Das hört sich ja wirklich an, als würde die ganze Familie aus Verbrechern bestehen.

Else: Ich finde auch, wenn Sie gesagt haben, das von heute mittag ist erledigt . . . und Alfred hat ja auch alles bezahlt.

Fränkel: Es sieht so aus. Auf den ersten Blick jedenfalls. Aber wenn Sie genauer hinsehen ... *Er nimmt eine Flasche Whisky hoch und gibt sie Else.* Dieser Whisky kostet bei uns 22,50. Würden Sie mal sagen, was da für ein Preisschild an der Flasche ist?

ELSE: 6,25.

FRÄNKEL *nickt*: Hier dasselbe. Hier auch. Überall 6,25. Und dann der Wein, 72er Spätlese Kabinett. Da kostet die Flasche bei uns 12,20. Was steht auf dem Etikett?

ELSE: 2,98.

FRÄNKEL: Das ist doch sehr merkwürdig, finden Sie nicht auch?

ELSE: Daß die Sachen so billig sind, das ist merkwürdig. Aber was sonst noch?

FRÄNKEL: Es ist merkwürdig, weil ich die Warenanordnung in unserer Getränkeabteilung genau im Kopf habe. Neben diesem Whisky haben wir ein Sonderangebot stehen, für 6,25, aber Weinbrand. Und neben diesem Wein steht ein Posten bulgarischer Rotwein für 2,98.

ELSE: Dann hat mein Gatte das eben verwechselt.

FRÄNKEL: Das nennt man nicht verwechseln, sondern vertauschen.

ELSE: Das ist doch nun das gleiche.

FRÄNKEL: Nicht ganz. Wenn man die Flaschen nimmt, die man haben will, aber von anderen Flaschen die Etiketten ...

MICHAEL: Wollen Sie behaupten, mein Schwiegervater hat von den billigen Flaschen die Preisschilder abgemacht und auf die teuren draufgeklebt?

FRÄNKEL: Zweifeln Sie daran?

Michael schaut Alfred fast bewundernd, leicht amüsiert an. Alfred schaut unbewegt in die Luft.

MICHAEL: Und wenn? Wie wollen Sie das beweisen?

FRÄNKEL *stellt die Flaschen wieder auf den Tisch, lächelt resigniert*: Das . . . werde ich leider nicht können.

MICHAEL: Na, sehen Sie.

ALFRED: Dann hauen Sie aber auch endlich ab. Das darf doch nicht wahr sein. Verdächtigt hier einen nach dem anderen, dringt überhaupt erst mal ohne jeden Grund . . .

FRÄNKEL: Also ohne Grund . . .

ALFRED *läßt sich nicht unterbrechen*: . . . bei einer friedlichen, ehrlichen, harmonischen deutschen Familie ein. Noch dazu am Ostersonnabend. Sie haben ja nicht mehr alle Eier im Sack. Das kann ich Ihnen versprechen: Von uns wird niemand mehr bei Ihnen klaufen . . . kaufen . . .

FRÄNKEL *lächelt jetzt überlegen*: Das würde ich Ihnen auch nicht raten. Sollte ich in irgendeiner Filiale unseres Hauses einen von Ihnen entdecken, dann erstatte ich Anzeige wegen Hausfriedensbruch.

ALFRED: Und das mach ich mit Ihnen, wenn Sie nicht bei drei wieder draußen sind . . . *Er hält die Tür auf, fängt langsam an zu zählen.* . . . eins . . . zwei . . .

MICHAEL: 2,98 . . .

Fränkel ist draußen.
Rita ist ihm gefolgt, um ihn aus der Tür zu lassen.

ALFRED: Drei!

Alfred macht die Küchentür zu. Er geht auf Else zu.
Was war mit den Mülltüten?

MICHAEL: Sag du lieber mal, wie du das mit den Etiketten gemacht hast?

Alfred dreht sich wütend zu Michael um.
Rita kommt zurück.

ALFRED: Ich habe überhaupt nichts mit den Etiketten gemacht, du Arschloch. Hältst du mich vielleicht für einen so raffinierten Betrüger?
MICHAEL: Willst du eine ehrliche Antwort hören oder eine Schmeichelei?
RITA: Ich hab das Badewasser schon eingelassen.

Alfred geht zur Tür.
Michael muß schon vorher bei den Flaschen sein, sich alles ansehen und mit dem Kassenzettel vergleichen. Bevor Alfred die Küche verläßt, stutzt Michael.

MICHAEL *hält eine Flasche hoch*: Ich denke, du hast billig eingekauft.
ALFRED *bleibt stehen, wird unruhig*: Hab ich auch. Das ist bulgarischer Rotwein.
MICHAEL: Eben.
ALFRED *kommt näher*: Wieso?
MICHAEL: Der kostet normalerweise doch 2,98, hat der eben gesagt.
ALFRED: Und?
MICHAEL: Dieser nicht. Hier ist ein Etikett dran, da steht drauf 12,20. *Er hält den Kassenzettel hoch.* Hast du auch bezahlt.

Alfred kommt wütend näher, schaut sich alles an.

ALFRED: Was sind das nur für Ganoven. Das ist das letzte Mal, daß ich bei denen gekauft habe.
RITA: Du hast sowieso Hausverbot.

ALFRED *deprimiert*: Drei Jahre sind die Sozis erst an der Macht, und schon wird man sogar bei Müggenburgs beschissen. Als ehrlicher Mensch obendrein.

MICHAEL: Wirklich. Da kleben die einfach die Zettel um, nicht wahr. Den vom billigen Rotwein auf die Spätlese und dann den von der Spätlese auf den Rotwein. So was.

ELSE: Das war bestimmt ein Versehen von Müggenburgs.

MICHAEL: Von Müggenburgs? Na, ich weiß nicht. Ich glaube, da war ein ganz gerissener Typ am Werk.

ELSE: Ich werd dann mal langsam die Ostereier verstecken.

ALFRED: Meine nicht. Mir sind die Feiertage versaut.

423/9

Rowohlt-Nachttisch-Büchlein zum Verlieben und Verschenken

CARL BRINITZER
Amor's Gesammelte Werke
Liebeskunst – ganz prosaisch
Variationen über ein Thema von Ovid

TRUMAN CAPOTE
Frühstück bei Tiffany
Silhouette eines Mädchens

HONORÉ DAUMIER
Vereint in Freud und Leid
Ein Ehespiegel. Mit 80 Lithograph.

GERALD DURRELL
Die Geburtstagsparty
Eine heitere Familiengeschichte unter griechischer Sonne

LAWRENCE DURRELL
Esprit de Corps
oder Diplomaten unter sich

JEAN EFFEL
Adam und Eva im Paradies
In 183 Bildern für die fröhlichen Nachkommen aufgezeichnet
Heitere Schöpfungsgeschichte
Für fröhliche Erdenbürger in 182 Bildern aufgezeichnet
Der kleine Engel
Heiteres zwischen Himmel und Erde
Unter uns Tieren
Abgelauscht in 153 Zeichnungen

GRAHAM GREENE
Heirate nie in Monte Carlo
Ein Flitterwochen-Roman

ROLF HOCHHUTH
Zwischenspiel in Baden-Baden

KURT KUSENBERG
Lob des Bettes
Bettgeschichten und Bettgedichte im Bett zu lesen

MANFRED KYBER
Ambrosius Dauerspeck
und Mariechen Knusperkorn

ERIC MALPASS
Fortinbras ist entwischt
Eine Gaylord-Geschichte

RAYMOND PEYNET
Mit den Augen der Liebe
182 Bilder für zärtliche Leute
Zärtliche Welt
Ein Bilderbuch für Liebende und andere Optimisten

FRANZISKA GRÄFIN ZU REVENTLOW
Von Paul zu Pedro
oder Von der Schwierigkeit, nur einen Mann zu lieben

ERNST VON SALOMON
Glück in Frankreich
Geschichte eines verliebten Sommers

JAMES THURBER
75 Fabeln für Zeitgenossen
Den unverbesserlichen Sündern gewidmet
Der Hund, der die Leute biß
und andere Geschichten für Freunde bellender Vierbeiner

RODOLPHE TÖPFFER
Der kühle Bräutigam
Die Abenteuer des Herrn Cryptogam zu Wasser und zu Lande

KURT TUCHOLSKY
Schloß Gripsholm
Eine Sommergeschichte
Wenn die Igel in der Abendstunde
Gedichte, Lieder und Chansons

HANSJÜRGEN WEIDLICH
Liebesgeschichten für Schüchterne

CARL ZUCKMAYER
Der Seelenbräu

274/21